FAO中文出版计划项目丛书

欧洲和中亚
有机农业发展概况

联合国粮食及农业组织　编著

曹海军　赵　颖　孔双阳 等　译

中国农业出版社
联合国粮食及农业组织
2023·北京

引用格式要求：

粮农组织。2023。《欧洲和中亚有机农业发展概况》。中国北京，中国农业出版社。https://doi.org/10.4060/cb0890zh

ISBN 978-92-5-138302-5（粮农组织）
ISBN 978-7-109-31550-1（中国农业出版社）

　　有机农业在欧洲和中亚地区持续活跃发展。在大多数国家，有机农业的耕作面积呈增加趋势，市场也在继续扩张。在大多数欧洲和中亚地区的非欧盟成员国，有机农业的发展处于开拓阶段，有望加强粮食安全、促进农村发展，并维护可持续民生和环境和谐。有机农业产品需求的增加为地区发展有机农业和各国实现保护环境、生物多样性和家庭农业的发展带来了机遇。

　　本书介绍了欧洲和中亚 18 个国家的有机农业发展情况，具体包括：中亚地区的哈萨克斯坦、吉尔吉斯斯坦、塔吉克斯坦、土库曼斯坦和乌兹别克斯坦；东欧地区的白俄罗斯、摩尔多瓦、俄罗斯联邦和乌克兰；南高加索地区的亚美尼亚、阿塞拜疆和格鲁吉亚以及东南欧地区的阿尔巴尼亚、波斯尼亚和黑塞哥维那、黑山、北马其顿、塞尔维亚和土耳其。

　　本书深入分析了上述国家如何依靠法律和政策框架、管理体系、生产、主要参与者、市场营销、机遇挑战和未来战略达到了现有的有机农业发展水平。透明可靠的信息让政策制定、决策和投资有据可依、有章可循。

　　本书旨在为本地区的所有相关方，包括政策制定者、政府官员、私营部门、捐助机构和发展伙伴提供最新可靠的知识信息来源。最后，希望本书能够在一定程度上促进欧洲和中亚地区的有机农业合作，以实现本区域经济的可持续发展。

弗拉基米尔·拉克曼（**Vladimir Rhakmanin**）

联合国粮食及农业组织

欧洲和中亚事务助理总监

缩略语 | ACRONYMS

ABM	地中海有机农业研究所
ACERT	欧洲认证组织（希腊）
ADA	奥地利发展署
ADC	奥地利发展合作署
ACDI	国际农业合作开发处
ANAU	亚美尼亚国立农业大学
ANOAP	亚美尼亚国家有机行动计划
AOAF	亚美尼亚有机农业基金会
ASC	农业支持中心
AUA	亚美尼亚美国大学
AWHHE	亚美尼亚妇女健康和健康环境组织
B2B	企业对企业
BOKU	亚美尼亚农业企业和农村发展中心
CEFTA	中欧自由贸易协定
CERES	环境标准认证 GmbH（德国）
CIDA	加拿大国际开发署
CIHEAM	国际高级地中海农艺研究中心
CIS	独立国家联合体
COSPE	新兴国家发展合作
CPF	国家规划框架
EaP	东部伙伴关系
ECA	欧洲和中亚
ECO	经济合作组织
EECA	东欧和中亚

EEU	欧亚经济联盟
EFTA	欧洲自由贸易联盟
EU	欧盟
FBS	农民商学院
FFS	农民田间学校
FiBL	瑞士有机农业研究所
GAIN	全球农业信息网
GDP	国内生产总值
GIZ	德国国际合作机构
HEKS/EPER	瑞士福音派教会援助组织
IAMB	CIHEAM 巴里地中海农艺研究所（意大利）
ICARE	亚美尼亚国际农业企业研究和教育中心
ICEA	道德与环境认证研究所
IFOAM	国际有机农业运动联盟
IPARD	欧盟加入前援助工具——农村发展
JAS	日本有机农业标准
KIWA	德国 Kiwa BCS 有机保证有限公司
KOICA	韩国国际协力团
MoFTER	波斯尼亚和黑塞哥维那对外贸易和经济关系部
MOAN	地中海有机农业网络
NABU	自然与生物多样性保护联盟
NOP	美国国家有机计划
OA	有机农业
OECD	经济合作与发展组织
OSCE	欧洲安全与合作组织
PGS	参与式保障体系
SASP	可持续农业支持计划
SECO	国家经济事务秘书处（瑞士伯尔尼）
SDC	瑞士外交部发展合作署
SDG	可持续发展目标
SIDA	瑞典国际开发合作署

SIPPO	瑞士进口促进计划
TAIEX	技术援助和信息交流工具
TIKA	土耳其合作与协调机构
UNDP	联合国开发计划署
UNEP	联合国环境规划署
USAID	美国国际开发署
USDA	美国农业部
VET	职业教育培训
WWF	世界野生生物基金会

CONTENTS **目 录**

前言 ·· v

缩略语 ·· vi

第一部分　欧洲和中亚地区有机农业现状 ················· 1

介绍 ·· 3

欧洲和中亚地区的有机生产 ······························· 5

第二部分　各国有机农业概况 ···························· 19

阿尔巴尼亚 ·· 21

亚美尼亚 ·· 27

阿塞拜疆 ·· 32

白俄罗斯 ·· 37

波黑 ·· 42

格鲁吉亚 ·· 48

哈萨克斯坦 ·· 53

吉尔吉斯斯坦 ··· 59

黑山 ·· 65

北马其顿 ·· 67

摩尔多瓦 ·· 74

俄罗斯联邦 ·· 81

塞尔维亚 ·· 88

塔吉克斯坦 ·· 95

土耳其 ……………………………………………… 100

土库曼斯坦 …………………………………………… 108

乌克兰 ………………………………………………… 111

乌兹别克斯坦 ………………………………………… 118

参考文献 ……………………………………………… 122

第一部分
欧洲和中亚地区有机农业现状

介　　绍

　　有机农业起源于 20 世纪初，当时有机农业的先驱开始了解土壤肥力和自然循环在农业生态系统中的重要性。20 世纪 70 年代之后，当时的权威研究机构披露了农用化学产品对健康和环境的负面影响，这一发现极大地推动了有机农业的发展，也让欧盟禁止了二氯二苯基三氯乙烷（俗称 DDT）的使用。欧盟的禁令和人们有机意识的提高推动了有机市场在 80 年代的发展，尤其是欧洲地区的有机市场。这为拥有生产资源的第三国家创造了满足欧洲日益增长的有机需求的机会。随着市场的扩大和全球化，各国开始制定有机食品的生产、加工和标识相关的标准并逐步推广至有机饲料。截至 2017 年，全球有 183 个国家实施有机农业并收集了相关数据，93 个国家自身拥有有机农产品和饮料生产的立法（标准）（Willer 和 Lernoud，2019）。

　　有机农业基于健康、生态、公平和关爱的原则[①]。正如《国际食品法典》[②]所定义的，有机农业是一整套生产管理系统，可促进农业生态系统的健康，包括生物多样性、生物循环和土壤生物活性。它强调管理实践的重要性而不是非传统农业投入，同时综合考虑适合当地区域条件的系统。面对欧洲进口商的需求，欧洲和中亚国家在不同时期开始发展有机农业——有些国家早在 20 世纪 80 年代就开始了。小农场成为该地区大多数国家农业生产的主要参与者，但一些大型农场在哈萨克斯坦、俄罗斯联邦和乌克兰的农业生产中仍扮演着非常重要的角色。

　　如今，有机市场发展迅速，尤其是在发达国家。美国和欧盟的有机市场发展处于领先地位，它们正在全球范围内推动有机生产和贸易。全球贸易使得贸易国务必执行原产国和进口国所实施的标准[③]。在国家层面，有机农业立法不仅能够保护本地消费者和市场，还增加了营销机会。欧洲和中亚国家在管理有

---

　　① 更多信息见 https：//www.ifoam.bio/
　　② 更多信息见 http：//www.fao.org/fao-who-codexalimentarius/en/
　　③ 在某些情况下，同一产品可能运往多个国家，这就要求该产品根据所有进口国的有效法规获得所有相关认证。

机农业的监管框架和立法方面存在差异。联合国粮食及农业组织（简称粮农组织，FAO）在该区域的许多国家实施了促进有机农业发展的项目，这些项目的重点是发展市场和加强有机农业生产的监管和体制框架、技术能力和知识。粮农组织为 2017 年在乌兹别克斯坦举行的区域会议和 2018 年在俄罗斯联邦举办的培训工作坊提供了支持，以推动该地区的有机农业合作。这些活动有助于确定国家有机行业信息的来源和编制国家相关概况。

本书中对有机农业的概述来源于国家数据和间接获取的信息。本报告包括欧洲和中亚地区 18 个国家的数据，地理细分区域如下：中亚（哈萨克斯坦、吉尔吉斯斯坦、塔吉克斯坦、土库曼斯坦和乌兹别克斯坦），东欧（白俄罗斯、摩尔多瓦、俄罗斯联邦和乌克兰），南高加索（亚美尼亚、阿塞拜疆和格鲁吉亚），东南欧（阿尔巴尼亚、波斯尼亚和黑塞哥维那、黑山、北马其顿、塞尔维亚和土耳其）。虽然一些国家的有机农业的初步发展可以追溯到 20 世纪 80 年代，但过去 10 年是欧洲和中亚地区有机农业的飞速发展期。因为本地生产者开始采取行动应对欧洲和海外市场快速增长的需求。该地区的有机产品贸易推动了国内有机市场的发展和加工业对有机原材料的需求。该地区的一些国家已经建立起监管框架，而其他国家也正在建立相关框架。但该地区依然缺乏能够指导进一步发展的最新数据和可靠信息。这 18 个国家中的大多数国家缺乏关于有机生产的高质量统计数据。这些国家的数据情况也十分不同，有的缺乏相关数据（白俄罗斯和土库曼斯坦），有的拥有以前的或未经证实的数据（阿塞拜疆、塔吉克斯坦和乌兹别克斯坦），有的收集了非官方数据或认证机构的数据（俄罗斯联邦和乌克兰），还有的仅限于根据国家法规收集的官方数据（黑山、北马其顿、塞尔维亚和土耳其）。在本书提供的数据被收录之前，我们尽力从各种数据源对它们进行了比较和交叉检查。如有可变数据，每个数据集的来源都予以收录。在本书评估整个欧洲和中亚地区情况的第一部分中，使用的数据是基于现有数据的平均值。

本书深入分析了欧洲和中亚地区的 18 个国家在立法和政策框架、治理体系、生产、主要参与者、营销、机遇、挑战和未来战略方面的有机农业的现状及成因。在每个国家的介绍中，列出了补充信息的主要来源。预计本书不仅能为所有相关方提供关于整个地区，尤其是其中 18 个国家最新且可信的信息和知识，还能促进有机农业的进一步可持续发展。

欧洲和中亚地区的有机生产

1. 以有机方式管理的农地面积

根据来自欧洲和中亚（ECA）地区 16 个国家的数据，可以推算出以有机方式管理的总土地面积为 4 503 183 公顷①。根据 2017 年的数据，这占世界有机农地面积的 3%。在该地区的认证有机农地中，42.8% 用于种植一年生或多年生作物（包括转换中土地），57.2% 用于野生采集和其他农业活动（图 1-1）。

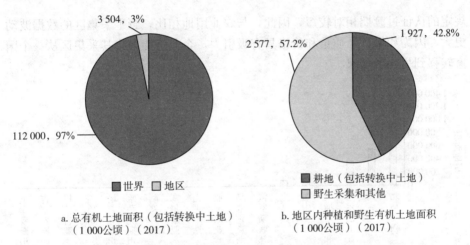

3 504, 3%

112 000, 97%

2 577, 57.2%　　　　　1 927, 42.8%

■世界　□地区

■耕地（包括转换中土地）
□野生采集和其他

a.总有机土地面积（包括转换中土地）　　b.地区内种植和野生有机土地面积
　（1 000公顷）（2017）　　　　　　　　（1 000公顷）（2017）

图 1-1　2017 年欧洲和中亚地区认证为栽培或野生采集的
有机土地面积及其在世界上所占的份额

资料来源：Willer 和 Lernoud，2019。

如图 1-1 至图 1-3 所示，一些国家的种植面积较大，例如俄罗斯联邦。而在其他国家，例如波斯尼亚和黑塞哥维那，野生采集是主要活动。乌克兰是栽培和野生采集的主要国家之一。乌兹别克斯坦仅拥有野生采集的有机认证区域。从符合规定的野生地区采集的植物可以被认证为有机植物。一些国家法律

---

① 没有土库曼斯坦的数据。在乌兹别克斯坦，2017 年只有野生收获区获得有机认证。

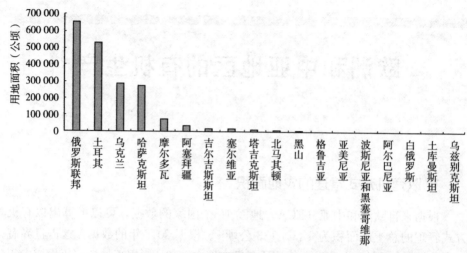

图 1-2 2017 年经过认证的有机农业用地面积（包括转换中的农业用地）
资料来源：Willer 和 Lernoud，2019。

规定的认证过渡期相对较短，因此，与农业用地相比，野生采集区的数据波动更大。因为如果产品质量和价格具有吸引力，企业可能会将其采集区从一个国家转移到另一个国家。

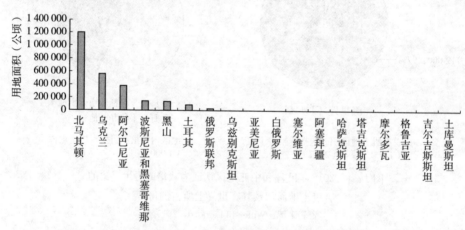

图 1-3 2017 年经过认证的有机野生采集和其他非农业用地面积
资料来源：Willer 和 Lernoud，2019。

这些国家的农业用地总面积和各自的有机农业用地比例都存在很大的差异。摩尔多瓦的有机认证农业用地的比例最高，为 3.9%，其次是土耳其（2.5%）和黑山（1.1%）。该地区有机农场的平均面积从 1.4 公顷（格鲁吉亚）到 5 271 公顷（俄罗斯联邦）不等。除俄罗斯联邦、乌克兰（1 297

公顷)、摩尔多瓦 (264 公顷) 和塞尔维亚 (50 公顷) 外，其他国家有机农场的平均规模通常小于 10 公顷 (2017 年数据)，并且以小农户经营为主。

2. 主要产品

在欧洲和中亚地区，有机生产的产品主要包括植物和动物产品，比如生鲜产品或加工制品。无论是直接食用还是进一步加工，食品都是有机生产中最常见的类别，其次是饲料作物，然后是棉花。占该地区主要有机种植面积的作物为谷物、油籽、干豆类、药用和香氛植物、坚果以及鲜果和干果。上述所有产品都有较长的保质期。在拥有大型农场的国家，例如哈萨克斯坦、俄罗斯联邦和乌克兰，用于动物饲料或加工业 (例如谷物、油籽、水果和蔬菜) 的有机植物生产占主导地位。而吉尔吉斯斯坦、塔吉克斯坦和土耳其是世界上主要的有机棉生产国。吉尔吉斯斯坦大约 67% 的棉花获得了有机认证。

3. 立法和监管框架

欧洲和中亚地区各国在有机农业方面的国家立法和实施情况差异很大。一些国家 (如波斯尼亚和黑塞哥维那、土库曼斯坦和乌兹别克斯坦) 尚无相关立法，另一些国家 (如阿塞拜疆、哈萨克斯坦、吉尔吉斯斯坦、俄罗斯联邦和塔吉克斯坦) 有相关法律但实际并未实施，其他一些国家 (例如北马其顿、摩尔多瓦、塞尔维亚和土耳其) 则已经充分实施了相关的国家法律。欧盟成员的身份促使各成员方在立法和监管框架方面与欧盟 (EU) 的框架保持一致。从表 1-1 可以看出，除波斯尼亚和黑塞哥维那外，南欧所有国家都实施了有机农业法律，并推行了扶持政策。在波斯尼亚和黑塞哥维那，波黑联邦和塞族共和国制定了相关规定，而布尔奇科特区则没有相关规定。

粮农组织支持一些国家制定或实施有机农业的立法项目，或根据其主要市场或产品进口国现行法规和标准的变化来改善其现有框架。在大多数情况下，立法的范围仅针对栽培或野生植物的农产品、牲畜 (包括养蜂和水产养殖) 以及经允许的投入。有些包含关于葡萄酒、酵母和蘑菇的专门条款。用于纺织、皮革、制药或化妆品行业等非食品的有机商品加工则不属于有机产品生产的立法范畴。

在拥有有机农业相关立法且立法已经实施的国家，有机农业系统的主管单位一般为农业部或同等机关。在一些国家，虽然通过了相关法律却没有落实到位，出现这种情况主要是因为治理的职责分散在不同部门之间，或者没有明确界定主管部门。相关法律未能及时实施的另一个原因是缺乏规定构建治理体系的次级立法。因此，在该地区的许多国家在过去几年现有法律都未能充分实施 (例如，阿塞拜疆的有机农业法颁布于 2008 年，但尚未被实施)。有机立法的法条会不断变化，就像欧盟每年都会颁布很多针对相关法律的修正案一样。因此，许多国家在准备实施相关立法时，立法内容已经相当过时，需要大幅度更新以与国际立法保持一致。在这方面，需要一个专门小组来确保立法的内容与时俱进。

4. 国家有机农业政策、战略和行动计划

有监管框架的国家已经起草了战略和相应的行动计划，然而，在某些情况下，这些计划并没有得到执行。在一些国家，初期战略和行动计划实施后，就没有再更新过。少数国家将有机农业列为国家农业的战略重点，但尚未制定具体的发展战略和行动计划（表1-1）。

表1-1　欧洲和中亚地区18个国家的监管框架和政策现状

次区域/国家	国家规定	支持政策	国家有机农业战略/行动计划
南高加索			
亚美尼亚	×	?	O
阿塞拜疆	?	O	?
格鲁吉亚	×	×	O
东欧			
白俄罗斯	?	O	O
摩尔多瓦	×	×	?
俄罗斯联邦	?	O	O
乌克兰	?	O	?
中亚			
哈萨克斯坦	?	O	O
吉尔吉斯斯坦	?	O	O
塔吉克斯坦	?	O	O
土库曼斯坦	O	O	O
乌兹别克斯坦	O	O	×
南欧			
阿尔巴尼亚	×	×	?
波斯尼亚和黑塞哥维那	?	×	O
北马其顿	×	×	×
黑山	×	×	?
塞尔维亚	×	×	×
土耳其	×	×	?

注：O表示"无"，?表示"起草或批准但未实施/已过期"，×表示"存在并完全实施"。

在许多发达国家，国家通过多种方式支持有机农业，例如直接向农民发放补贴、支持认证、贷款、研究和市场开发。在欧洲和中亚地区促进有机农业发

8

展的国家政策产生了一些影响，并开启了有机农业的发展进程。一些与欧盟有贸易关系和正在申请加入欧盟的国家，如阿塞拜疆、摩尔多瓦和土耳其，在立法和政策上与欧盟保持一致。上述所有国家都有相关财政支持，而中亚国家正处于制定支持有机农业政策的初始阶段。于 2020 年生效的新有机农业标准对成员国的监管体系产生了显著影响。而在该地区，只有少数几个国家更新了涵盖未来几年的战略计划。

5. 国家标识

建立有机产品的标识是提高消费者有机意识的一个重要尝试，它证实了有机认证能够满足市场对产品质量的要求。几乎每一项有机法律/标准都规定了生食、加工、进口或本地生产的有机产品的标识。详细的标识规范，例如标识和标志的大小和颜色以及要填写的信息（授权认证机构的代码、字体大小等）是相关立法的重要组成部分。标识的使用条件还规定了使用国家标识的细节。例如，土耳其立法禁止进口产品使用其国家有机产品标识。立法详细规定了徽标的大小和颜色代码。要使用国家标识，首先要有官方的标识规范；因此，没有监管框架或未能充分实施相关立法的国家没有国家标识。图 1-4 显示该地区只有亚美尼亚、黑山、北马其顿、摩尔多瓦、塞尔维亚、土耳其和乌克兰 7 个国家设计了有机农产品的国家标识。

图 1-4　有机产品的国家标识

6. 数据收集系统和来源

数据对于几乎所有制定战略和扶持政策来说是至关重要的。统计数据对于指导贸易和投资也很重要。在大多数情况下，应该首先收集有机农业和粮食生

产的农场级数据，然后在有机农业发展的后期收集市场数据。本报告研究的
18个国家的有机数据收集情况也存在很大差异。例如，摩尔多瓦拥有更完整
的数据收集和信息系统，而土库曼斯坦则没有关于有机农业的数据。这些国家
中的大多数正尝试通过与提供数据的政府、认证机构、非政府组织和研究机构
开展合作来改进有机农业统计数据收集的情况。很多情况下，由主管部门授权
的认证机构是主要的数据来源，因为有机生产具有可追溯性，所以认证机构会
记录生产链中的参与者和过程。每年发布的国际有机联盟-瑞士有机农业研究
所发布的调查报告《世界有机农业》提供了过去两年中几项基本指标的数据。
德国纽伦堡国际有机产品展会是有机行业最大的年度盛会，2月在此展会期间
发布了第一版报告后，他们会在广播年度的任何必要时间对报告进行修订。该
调查报告涵盖以下几个指标：

按国家和作物分类以公顷为单位的有机土地面积、牲畜数量、生产数据
（产量和价值）、生产者和其他运营商类型、国内市场数据（零售总额、人均消
费、市场份额、产品细分）、国际贸易数据（进口总额、出口值和总量以及按
产品分类的细目）。

国际有机联盟-瑞士有机农业研究所调研报告（Willer 和 Lernoud，2019）
包含了全球183个国家2017年的数据，覆盖该地区除土库曼斯坦外所有国家
的有机生产信息。大多数有机农业立法的国家都有一个由国家运营的农产品生
产数据收集系统。

该地区大多数国家的不足之处在于收集的数据仅涵盖根据国家法律认证并
由有机农业产品和食品认证主管部门授权的认证机构推送的农场数据。在大多
数情况下，数据系统不包括仅根据进口国法律认证的产品、未认证或根据参与
式保障体系认证的产品。与此同时，在所有国家中，都有根据其他出口市场的
参考标准即欧洲联盟（欧盟）、美国农业部、加拿大、日本有机农业标准认证
为有机农地的土地。不同数据来源之间的偏差主要源于不同的认证标准。该地
区的国家，仅摩尔多瓦的二手数据体现和说明了根据国家法律认证的土地数据
和根据其他标准认证的土地数据。

数据收集对于许多国家和国际贸易来说一直是一个挑战，因为在全球范围
内为有机产品数据统计建立统一的代码的尝试并不成功。我们通常能够获得一
个国家的有机农业数据，但是这些数据的质量必须很高才能使得相关利益者获
益。数据质量被定义为"适合使用"时，才代表能够满足用户需求。

18个国家中只有少数国家有出口市场数据，但大多数数据都已过时且不
可靠。我们可以通过各种渠道来收集市场数据。抽样调查法可用于收集价格和
消费数据。在实施抽样调查的时候应该尤其注意调查对象的代表性和人口覆盖
度以确保最大限度地减少抽样误差。

7. 检验和认证

在欧洲和中亚地区销售的有机商品通常由获得授权（有些机构既有授权也有许可）的控制机构进行第三方检验和认证。如果该国存在有机农业相关法律，则由国家主管部门授权相关机构，否则由产品进口国授权。在欧盟体系中，根据 ISO 17065 授权的认证机构必须向欧盟提出申请。如果获得批准，则该机构将获得授权，可以在特定国家对特定产品类别进行认证，例如①未经加工的植物产品（种植或野外采集）；②活体动物或未经加工的动物产品；③水产养殖和海藻类产品；④农产品加工食品；⑤农产品加工饲料；⑥用于种植的无性繁殖材料和种子。如果认证机构被授权种植某种植物，但没有被授权在某国家将该植物加工成食品，则该机构可以认证植物的田间种植，但不能认证加工阶段。因此，该加工食品不能标记为有机食品。在本报告中，第二部分的每个国家概况下列出了相应的欧盟授权的认证机构名单。然而欧盟的授权有时效性，所以必须确认列表中机构的资质有效性。有些认证机构可能退出了认证体系，有些则可能被主管部门吊销了资质。欧盟的新法规预计将于 2021 年实施，新法规对于现有法律中的概念，如等效性、合规性或第三国清单将给出新的规定。

在美国，美国农业部负责认证并登记认证机构，以便能够在其他国家根据国家有机计划规范生产和认证任何相关产品。日本和中国等主要市场的情况也基本相似。关于有机农业的国家立法包括关于等效性以及外国认证机构如何运作的条款，尤其是关于数据报告的条款。在吉尔吉斯斯坦，有很多通过参与式保障体系认证的农民①。这些农民获得了出口市场的第三方认证，但市场营销存在问题，且由国外认证机构进行的第三方认证成本高昂，因此农民开始使用参与式保障体系。

8. 营销和贸易

在欧洲和中亚地区，几乎所有国家都有有机农业和加工业，它们的国内有机市场随着生产而发展。然而，生产的发展与本地需求的发展并不同步。有机食品和饮料的需求主要来源于北美和欧盟，占全球有机食品和饮料市场近90%。在全世界，尽管有 93 个国家制定了相关法规，但没有定期收集有机食品和饮料的市场数据。非食品类商品的情况也是如此，数据集往往来自非政府机构或者行业组织。

---

① 更多信息见 https：//www.ifoam.bio/

　　根据现有数据，北美①是有机食品最大的市场，其市场总规模为430亿欧元。其中，美国以400亿欧元位居榜首，加拿大随其后（截至2017年）。欧盟市场在全球排名第二，市场总规模为343亿欧元。除了少数发达市场外，很少会收集有机市场的数据。现有数据表明，有机市场在所有国家都呈增长趋势。从各国情况来看，截至2017年，排名靠前的是美国（400亿欧元）、德国（100亿欧元）、法国（79亿欧元）、中国（76亿欧元）、意大利（31亿欧元）、加拿大（30亿欧元）、瑞士（24亿欧元）、英国（23亿欧元）以及西班牙（19亿欧元）。日本（14.1亿欧元）、韩国（3.3亿欧元）和俄罗斯（截至2012年1.2亿欧元）等，十分有潜力的有机市场也在不断扩大中（Willer和Lernoud，2019）。美国和欧盟两个主要市场发布的有机进口数据包含了欧洲和中亚地区的数据，但有时没有关于细分商品的详细数据。

　　需求的总增长率高于有机农业产量或转化有机农地的增长率。这导致了（并且仍在导致）源汇效应并推动有机生产，尤其是在出口导向型的发展中国家。在欧洲和中亚地区，有机生产早在80年代就开始出现了，并在90年代后加速发展。尤其是南欧和东欧国家，它们的产品主要出口到欧洲。尽管如此，由于地理位置相近，欧盟仍是该地区有机产品的主要市场。近年来，美国和墨西哥湾沿岸国家以及韩国和中国等其他国家开始从该地区进口有机产品。土耳其开辟了一条向美国市场出口谷物、橄榄油和干果等有机产品的新营销路径，其出口数据稳步增长。土耳其出口量的增长也推动了该国对深加工或再出口的产品的进口，从而带动了该地区内的贸易。欧洲和中亚地区交易的、用于再出口或深加工的产品往往是这些国家的主导产品，通常情况下也是其传统产品。乌克兰、俄罗斯联邦和哈萨克斯坦是有机谷物、油籽的主要供应国。乌兹别克斯坦、格鲁吉亚和摩尔多瓦是干果和坚果的主要供应国。

　　尽管这18个国家的主要目标都是出口市场，但是其国内市场的规模也各不相同。对于许多国家而言，出口市场所需要的产品占当地消费的份额很小。在阿尔巴尼亚，具有出口市场潜力的产品或产品组合从低到高排列为药用和芳香植物（野生或栽培）、蘑菇干和浆果干、栗子、橄榄油、新鲜水果和蔬菜以及葡萄酒。这些产品的国内需求量正好相反。因此，在规划产品种类时务必注意涵盖新鲜水果和蔬菜、肉类、牛奶和奶制品、谷物和谷物加工产品，以促进国内市场的发展。在一些国家，只有在大城市的超市和露天集市才可以买到有机产品。在欧洲和中亚地区还有在线销售和农场直销渠道。在供应短缺的情况下，各国通常先从邻国或贸易伙伴进口有机食品，再寻求其他进口市场。

---

　　① 根据粮农组织的区域划分，北美洲仅包括美国和加拿大。

在俄罗斯，国内市场的快速发展为进口有机产品创造了机会，也为这18个国家创造了机会。亚美尼亚的农业活动包括生产有机蔬菜、水果、谷物、浆果和苜蓿，野生物种采集、养蜂，以及（由加工公司）生产有机果汁、花蜜、浓缩汁、果泥、速冻产品、凉茶、干果和面包。这些产品既面向本地市场，也面向国际市场。此外，超过400种有机产品通过SAS连锁超市、农业企业和农村发展中心以及新鲜快线有机商店进口至亚美尼亚销售。

每个国家的有机市场发展都持续推动了该地区有机产品新一轮的流动。国家标准、严格的进口条例以及要求第三方认证会产生额外的成本制约了欧洲和中亚地区有机运动的发展。

9. 欧洲和中亚地区支持有机农业的主要合作伙伴

欧盟、粮农组织、联合国开发计划署等国际组织和主要欧洲国家的发展机构实施了旨在发展欧洲和中亚地区具体国家或多国联盟有机农业的项目。这些项目的主要支持领域包括有机生产技术、市场和价值链、绿色经济、自然资源管理、缓和气候变化、粮食保障和安全、病虫害综合治理、有机农业推广、农业生产多样化和贸易。这些组织与瑞士有机农业研究所和国际有机联盟等知名机构共同支持欧洲和中亚国家的有机活动。

许多支持可持续农业的项目开始于20世纪90年代之后。当时欧洲和中亚地区的大多数国家都获得了独立。它们的发展伙伴包括欧盟、瑞士发展合作署、奥地利开发署、美国国际开发署、瑞士国际合作组织、荷兰阿瓦隆基金会、德国国际开发署、丹麦政府、芬兰政府以及土耳其合作与协调局。

10. 粮农组织对东欧和中亚有机农业的技术支持

粮农组织以成员有机农业的国家规划框架的优先重点为指导，向欧洲和中亚地区国家提供相关发展援助。粮农组织有机农业项目开展了与包括国家有机项目和协会、非政府组织以及国家和国际研究中心等相关机构的合作，并与其建立伙伴关系。粮农组织促进有机农业发展的重点援助领域包括：体制、法律和监管框架以及政策援助；有机认证和认证体系、检验和标识使用；有机农业生产技术和改进措施；消费者意识、市场营销和价值链及信息；有机数据和信息系统；公众意识、教育和学校课程。

粮农组织还为常规项目和活动资助的区域重点成果提供技术支持。2018年10月15日至19日在俄罗斯莫斯科举行了为期一周的有机农业生产、加工、认证和营销的区域培训，波斯尼亚和黑塞哥维那、吉尔吉斯斯坦、摩尔多瓦、俄罗斯、塔吉克斯坦、土耳其、阿塞拜疆和乌兹别克斯坦8个成员参加了培训，并获得了该计划的支持。

粮农组织出版了在欧洲和中亚地区实施的有机农业相关项目的书籍。阿塞拜疆对项目成果进行总结，并在 2018 年出版了《阿塞拜疆的有机农业：现状和未来发展潜力》一书。同时，粮农组织总结了在乌兹别克斯坦开展的项目并出版了《乌兹别克斯坦的有机农业：现状、实践和前景以及中亚有机农业发展会议录》一书。该书还通过与会者的介绍汇总了有关欧洲和中亚国家有机农业状况的信息。上述所有出版物均可在 http://www.fao.org/publications 获取和下载。

表 1-2 总结了粮农组织向欧洲和中亚地区一些国家提供的技术援助，包括国家技术合作项目和信托基金项目。

表 1-2　粮农组织在欧洲和中亚地区的有机农业项目总结

REU：GCP/SRB/001/HUN——协助发展塞尔维亚有机农业的产能和支持服务。该项目的四项预期成果是：①制定针对特定区域有机产品的产能发展和支持服务的国家计划，并制定向有机农业的农民提供补贴的国家政策。②升级和检验中级教育有机农业课程。③试点地区的农民和高中生将通过课程、农民田间学校和农民商学院参与面向市场的有机农业培训。900 多名农民将了解农民田间学校和农民商学院；推广官员、青年企业家和研究人员将从 70 多场相关会议中受益。④当地信息和商业支持中心开始运作，有机农业得到推广

UTF/TUR/052/TUR 2010——加强土耳其的有机农业。该项目改善了有机产品的收获后处理、减损和上市准备。开展了关于国内和出口市场潜力以及对土耳其种植的主要有机作物的需求的市场研究，并对产品开发、营销和组织提出了建议

TCP/MNE/3201——黑山有机农业。该项目强化了黑山有机农业的体制框架和产能。主要成果包括：①加强了国家认证机构的技术能力和有机农业技术服务的推广；②提升了小规模种植者生产、加工和销售有机产品的知识和能力；③提高了公众对有机农业和产品潜在益处的认知；④制订行动计划，并向主要利益相关者提供了战略和政策制定方面的培训

TCP/UZB/3501——乌兹别克斯坦发展有机农业和推广良好农业规范的体制能力建设。该项目旨在改善法律基础、体制框架、保障体系（即检查、认证和认可）以及农民及公共和私营部门有机农业推广专家在有机农业和良好农业规范方面的能力

TCP/TUR/3001——有机农业发展项目的制定和土耳其相关立法的调整（2004）。该项目为土耳其农业部制定欧盟援助项目提供了技术支持，该项目旨在通过法律调整和组织建设促进土耳其有机农业的可持续和快速发展

TCP/TAJ/3501：Baby 3——支持塔吉克斯坦制定有机农业方面的国家法律（2015）。该项目审核了现行组织法和相关法律，确认了和实际情况存在差距和需要做出重大调整的条款，以及组织相关培训

TCP/KAZ/3505——支持有机农业发展和机构能力建设（2015）。该项目加强了农业部在有机农业方面的技术能力和制度能力。该项目的四项主要成果包括：①调查了解了有机农业的现状及其发展前景；②建立了有机农业发展的国家法律和法规；③制定了建立有机农业认证体系的方案；④加强了主要参与者的能力，提高了他们对有机农业耕作方式、有机标准和市场营销的认知

（续）

GCP/AZE/006/TUR——阿塞拜疆有机农业的发展和制度能力建设。该项目改善了相关法律基础和有机农业管理。主要成果包括：①确定了有机农业的现状及其发展前景。②修改了有机农业的国家法律。③提出了能够完善有机农业制度建设和监管体系的建议。④强化了专家技术能力和有机农业信息发布体系
TCP/MCD/3401——更新国家有机农业生产战略。该技术合作项目为北马其顿制定国家有机生产战略提供了支持。主要成果有：①调查了解了有机农业发展现状。②制定了 2012—2017 年国家有机生产战略，并发布了马其顿语和英语版本的行动计划
TCP/KYR/3501——支持吉尔吉斯斯坦制定有机农业的国家法律（2017）。该技术合作项目推动了有机法律的起草。主要成果包括：①审核了吉尔吉斯斯坦发展有机农业相关的国家法律。②准备了一份有机农业法草案，与广大利益相关者进行了讨论、审核，并提交给了吉尔吉斯斯坦政府
TCP/TAJ/3704——改进法律框架和制度能力以推动有机农业发展（2019）。该项目加强了有机农业生产的法律框架、制度体系和国家能力。主要成果包括：①修正了塔吉克斯坦《生物农业和生产法》和《有机农业法》草案。②制定了有机农业配套规章条例和国家战略。③加强了种植者、加工者、研究人员和推广专员在有机生产和管理方面的能力。④确立了有机产品的市场机会，并制定了改进策略
GCP/KYR/022/ROK——支持吉尔吉斯斯坦有机农业政策的实施，提高农民的能力。该项目的第一部分是为吉尔吉斯斯坦建立有机农业方面的法律和制度框架提供支持（2019）
针对有机农业生产、加工、认证和营销的区域性培训（2018）。这一区域性培训活动由粮农组织欧洲和中亚区域办事处常规项目资金资助，涵盖阿塞拜疆、波斯尼亚和黑塞哥维那、吉尔吉斯斯坦、摩尔多瓦、俄罗斯、塔吉克斯坦、土耳其和乌兹别克斯坦 8 个国家

11. 有机农业的区域网络

在欧洲和中亚地区，有各种有机农业网络可以分享和交流信息和经验，这些网络还帮助扩大了当地的知识库。下面总结了一些有机农业的网络。

地中海有机农业网络：地中海有机农业网络是一个政府网络，由国际地中海高级农艺研究中心伙伴国家农业部的代表组成。该网络于十余年前成立，旨在支持有机农业、协调地中海地区有机农业数据的收集和组织有机农业问题相关的会议。其成员国包括阿尔巴尼亚、波斯尼亚和黑塞哥维那、黑山、北马其顿、塞尔维亚和土耳其。

国际有机农业运动联盟地中海区域组织：地中海有机农业研究所于 1990 年在意大利维尼奥拉作为一个独立的区域性项目成立，并于 1997 年获得官方国际有机农业运动联盟区域组织的认可。国际有机农业运动联盟地中海有机农业研究所的成员国是 16 个地中海国家，来自 3 个不同的大陆（非洲、亚洲和欧洲）。地中海有机农业研究所成立了营销、研发、标准和认证以及培训 4 个工作小组。

国际有机农业运动联盟欧亚区域组织：国际有机农业运动联盟欧亚区域组织是欧亚有机运动的区域联盟，旨在保障各国的有机食品和农业。其主要目标是在欧亚地区建立统一的有机市场并加强合作。其愿景是利用国际有机农业运动联盟的原则和经验，为成员国有机运动的发展创造合适的条件。来自以下国家的、对有机农业感兴趣的所有实体和个人均可以申请成为国际有机农业运动联盟欧亚组织的成员，这些国家包括亚美尼亚、阿塞拜疆、白俄罗斯、格鲁吉亚、吉尔吉斯斯坦、哈萨克斯坦、摩尔多瓦、俄罗斯、塔吉克斯坦、乌兹别克斯坦、乌克兰和其他俄语国家[①]。

生态链接：生态链接协会中东欧国际有机农业中心是一个非营利组织，成立于 2003 年，总部设在德国德累斯顿。该组织促进并支持有关有机农业的信息、知识和经验交流。该组织还为东欧从事有机行业的人员及其组织提供网络支持作为会议平台，帮助他们相互联系、交流知识，并为支持有机农业的人员的沟通牵线搭桥[②]。

12. 制约有机农业发展的主要因素及其发展机遇

大多数欧洲和中亚国家都有自己的有机农业，南欧地区已建立起非常完善的监管框架，但亚美尼亚、波斯尼亚和黑塞哥维那、格鲁吉亚和摩尔多瓦除外。乌克兰最近也建立了有机农业监管框架，阿塞拜疆、哈萨克斯坦、吉尔吉斯斯坦和俄罗斯联邦已有此类框架但尚未实施。土库曼斯坦和乌兹别克斯坦尚未起草相关框架。即使该地区的许多国家都有数据收集系统，但并非所有系统都被投入使用。除土库曼斯坦外，我们可以从国际资源中查询到这 18 个国家中其他国家的有机农业或荒地数据。

每个国家根据自己的机会窗口开发了一系列相应的有机产品。在大多数情况下生产模式由进口商决定，他们重点关注有市场机会的产品。发展初期主要专注于开发未加工的农产品和野生采集的作物，或者任何当时有市场需求的产品。随着时间的推移和有机产业经验的积累，加工食品或非食品（纺织品、化妆品等）产品开始在本地和出口市场出现。在一些国家，当本国生产不能满足当地市场需求时，就会通过进口商品来丰富产品的种类，例如塞尔维亚和俄罗斯。

除欧洲和中亚地区的少数国家外，有机农业主要由小农经营。如果当地劳动力充足，可以通过增值生产为小型农场和农村社区创造机会。在野外采集

---

① 更多信息见 https：//www. ifoam. bio/en/regional - bodies/ifoam - euro - asia
② 更多信息见 http：//www. ekoconnect. org/

时，应遵循可持续采集原则，通过创造更多就业机会和新的高价值作物或通过开发新技能（如清洁、分类和包装）为农村社区创造额外收入。此类工作雇佣的主要劳动力为女性，这有助于赋权农村女性。有机作为一个新概念，吸引了农村青年对农业的关注。如果建立良好的市场链，有机生产可以为消费者提供高价值且安全的产品。

在全球层面，有机农业在不断变化发展，我们需要密切监测这些变化，尤其是在立法和市场方面的变化。立法方面的两大进展包括 2020 年欧亚关税同盟州际有机产品法的实施（自 2018 年推迟至 2020 年）和将于 2021 年实施的新欧盟法规。考虑到全球有机市场的快速发展和变化（例如新的监管框架、近东和亚太地区的新兴市场、消费者偏好以及欧洲和中亚国家的生产能力），各国需要丰富的知识以确保能进入具有高附加值的市场，保持自己的竞争力。欧洲和中亚地区的一些国家有望提高自身有机生产能力，并在全球市场上取代其他国家或满足一些国家不断发展中的市场的需求。国际资助者则可以通过支持区域、次区域或国家项目为该地区有机农业的健康快速发展做出贡献。在推动有机农业发展方面，欧洲和中亚国家主要需要以下几个方面的技术支持：

改进监管框架使其更符合国际标准，包括洲际有机标准，从而发展管理有机生产（包括有机投入）、加工和贸易的机构，并确定有机农业所需的支持。等效性、合规性和区域参考标准是我们可以评估和开发的工具，标准还可以促进营销包括对外营销和对内营销。贸易伙伴之间也可以开展关于区域或次区域内标准的讨论。

数据收集和处理。即使一些国家能提供有机农业的官方数据，它们的数据情况也存在缺漏。增加（农场和市场的）参数指标的数量，提高数据质量，并进一步处理在国家和区域层面收集的数据，能够为战略制定和市场提供指导。按照欧洲标准来看，很少有项目可以提供有关数据收集和处理的方法论和最佳实践的参考。

有机农业在社会经济方面的话题，包括其对性别、营养以及农民和动物福利的影响，应当引起广泛关注。

主要商品的市场开发和价值链管理，包括现状评估、改善收获后处理、预防粮食（质量和数量）损失以及收集国内、进出口市场的实时和可供比较的数据。

知识传播。开发培训媒介（主要为视觉形式），建立长期监测示范区（例如在微气候层面，设计合适的轮作项目并向农民推荐主要作物），农民之间交流经验以及建立农民田间学校、社区中心、合作社等机构。

交流经验。通过发展国家、区域和全球网络以及组织国家级或区域会议让科学家、推广专家和从业人员一起讨论问题并寻找解决方案。有机农业取决于特定的地区因素（农业气候或社会经济条件），因此多方沟通、经验和对话的双向交流非常重要。

通过更好的规划，扩大知识库、提高能力，并通过区域网络交流经验，这18个国家将更多地融入欧洲和中亚地区的有机生产和贸易中。

第二部分

各国有机农业概况

阿尔巴尼亚

1. 有机农业发展背景

乐施会在阿尔巴尼亚北部的小农户永续农业项目以及 1997 年有机农业协会的成立标志着阿尔巴尼亚有机农业活动的开端。1999 年，阿尔巴尼亚向瑞士出口了第一批用于有机烹饪的新鲜香料；21 世纪初期，阿尔巴尼亚向瑞士销售了有机橄榄油。2004 年，阿尔巴尼亚制定并颁布了第一部关于有机农业的国家法规。2005 年，汇聚了不同运营商的 BioAdria 协会成立。

2007 年，发布了包括国家行动计划在内的 2007—2013 年有机农业发展战略，该战略的发布推动了有机运动的发展。同年，阿尔巴尼亚国家监管机构 Albinspekt 成立。根据国家行动计划，政府于 2007 年开始提供有机经营补贴。为了推动有机领域的研究和教育，2010 年在都拉斯成立了有机农业研究所。2012 年初，农业和农村发展部（MARD）成立了国家有机农业委员会，负责控制机构的批准、监督以及 2016 年新法律的颁布。

此外，BioAdria 协会等非政府组织（其成员包括农民和农民团体、其他有机农业经营者、研究人员和大学教授以及出口商和零售商）也为阿尔巴尼亚有机农业的发展做出了重大贡献。阿尔巴尼亚营销协会是营销策略的主要制定者，该协会与这一领域的私立和公共机构合作。有机农业研究所是农场研究和有机活动推广领域的领军机构，它的主要职责包括与农民和其他有机经营者协商、分享研究成果、组织培训、预测植物病害等。地拉那农业大学也积极参与有机农业的研究、教育和培训活动。该大学是执行各种有机农业项目的重要合作伙伴，与众多国际和国家机构开展了密切合作（Bernet 和 Kazazi，2012）。

2. 有机生产

有机认证估算总面积：有机认证估算总面积（完全有机和转换中土地）为 615 公顷，其中 549 公顷为完全有机土地，66 公顷为转换土地。阿尔巴尼亚经认证的野生采集面积为 3 802 公顷。

有机认证面积占有机农业用地的估算比例：0.08%。

主要种植作物及种植面积：在主要种植作物中，药用植物和香氛植物占地395公顷（主要是野生采集）。橄榄（43公顷）、草莓（43公顷）、绿色草药（39公顷）、新鲜蔬菜（6公顷）和藏红花（0.4公顷）是其他主要作物。

有机经营者数量：有机经营者总数150家，生产者61家。

有机畜牧业：有机畜牧业包括养蜂业和水产养殖业。数据并不完整，据报告有1名水产养殖生产者和1名畜牧生产者。

食品和非食品有机产品的加工：存在食品和非食品（例如棉花和化妆品）有机产品的加工。该国有53家注册有机经营者，主要是果汁、精油和食品的加工商。

3. 立法、监管和政策框架

有机农业的主要负责部门/机构：阿尔巴尼亚农业和农村发展部是主要负责部门。

有机法律法规：第一部国家相关法律（第9199号法律）于2004年颁布，改进监管框架的努力促使新法律（第106/2016号法律）在2016年10月27日通过了审核，并得以公布，该法律于2016年获得阿尔巴尼亚议会（Kuvendi i Shqipërisë）的批准。该法律基于欧洲理事会第834/2007号条例，涵盖了植物、牲畜和水产养殖生产条例、加工食品和饲料、标识产品、控制和进口条例。近期关于法律实施的两条细则对2016年的法律进行了补充：①2018年6月6日第336号部长会议决定了"关于有机植物生产和海藻生产的细则"；②2018年3月28日第131号部长令是"关于许可用于有机生产的产品和材料清单"，目前该国还没有国家有机标识。

国家自愿性有机标准：无自愿性执行国家有机标准或标识。

国家有机监管体系：国家有机农业监管体系已经存在，具体实施与预期存在一些差距。该系统涉及的主管部门是农业和农村发展部，该部门在2012年将相关职责委派给其内部的国家有机生产委员会。该委员会成员由农业和农村发展部、其他部委和大学组成。它的职责是审查立法行为、协调农民登记、管理数据库和批准认证机构。

运营/授权的认证机构（国内和/或国外）：控制机构必须得到农业和农村发展部的批准才能在阿尔巴尼亚境内进行产品检验和认证。可从该部门获取官方认可的控制机构名单见表2-1。除欧盟标准外，国家认证机构Albinspekt还根据阿尔巴尼亚有机法、美国的国家有机计划、瑞士有机农业联合会和科索沃有机标准对有机食品进行检验和认证[①]。

---

① 更多信息见 http://albinspekt.com/web/organike-be/

关于有机农业的国家战略和行动计划：阿尔巴尼亚国家战略和行动计划一直筹备到 2013 年，尽管筹备期已经过去，但新的国家战略和行动计划尚未制定完成。

表 2-1　欧盟授权在阿尔巴尼亚进行认证管理的机构名单

机构名称（国家）	代码	第一类 非加工植物产品	第二类 活体动物或非加工动物产品	第三类 水产品和海藻	第四类 经加工的可食用农产品	第五类 经加工的饲用农产品	第六类 用于栽培的分株繁育材料和种子
欧洲认证组织（希腊）	AL-BIO-171	×	—	—	×	—	—
Albinspekt（阿尔巴尼亚）	AL-BIO-139	×	×	—	×	—	—
bio. inspecta AG（瑞士）	AL-BIO-161	×	—	—	—	—	—
Bioagricert SRL（意大利）	AL-BIO-132	×	—	—	×	—	—
CCPB SRL（意大利）	AL-BIO-102	×	—	—	—	—	—
环境标准认证 GmbH（德国）	AL-BIO-140	×	—	—	—	—	—
控制联盟（荷兰）	AL-BIO-149	×	—	—	—	—	—
Ecocert SA（法国）	AL-BIO-154	×	—	—	—	—	—
道德与环境认证研究所（意大利）	AL-BIO-115	×	—	—	—	—	—
Kiwa BCS（德国）	AL-BIO-141	×	—	—	×	—	—
Q-check（希腊）	AL-BIO-179	×	—	—	×	—	—

资料来源：OFIS，2019。

支持有机农业的政策措施：自 2008 年以来，政府通过提供直接补贴支持有机农业的发展，但前提是该土地是根据阿尔巴尼亚有机法获得的认证。初期补贴根据土地的单位面积发放，并覆盖认证费用的 50%。近年来，政府改为按农场发放补贴。2018 年，对使用有机生产模式的农场的支持措施也涵盖了正在向有机模式转换的农场（拨款随着转换期间的进展逐渐增加）。

4. 有机农业的营销

在阿尔巴尼亚，有机生产一开始以出口为导向。目前，与其需求相比，国内市场的产品供应有限。2001—2011 年阿尔巴尼亚可持续农业支持（SASA）项目期间开展了一项研究，该研究涵盖了具有市场潜力的产品或产品组合按照潜力的降序排列，分别是：药用和香氛植物（野生和栽培）、干蘑菇和浆果、栗子、橄榄油、新鲜水果和蔬菜以及葡萄酒。这些产品的国内需求排序则呈现相反的情况。

国内市场：有机产品的国内市场主要集中在地拉那和其他主要城市的大型零售店和有机产品零售店。农场也会直接销售有机产品，但是有机产品在阿尔巴尼亚国内市场的供应仍然有限。有些产品如有机橄榄油的价格可能与传统产品相同。

进口市场：有机婴儿食品是市场上最早的有机产品之一。零售店往往会销售不同类型的进口有机产品。尽管阿尔巴尼亚有机法未包括等效协议，但是经欧盟有机农业立法认证的所有产品都可以在阿尔巴尼亚境内作为有机产品销售。

出口市场：阿尔巴尼亚主要出口的有机产品是橄榄油、药用和香氛植物、茱萸汁、干蘑菇和植物精油。主要出口市场为德国、奥地利、法国、瑞士、美国、加拿大、保加利亚和土耳其。出口有机产品的公司位于首都地拉那，但各地区的公司也在出口中发挥着重要作用。这些城市和出口产品分别是特罗波亚（栗子）、普卡（Puka）（山茱萸汁）、马米纳斯（Maminas）（药用和芳香植物和精油）和爱尔巴桑（Elbasan）、都拉斯（Durrës）、斯库台（Shkoder）和波格拉迪奇（Pogradic）（主要为野生采集的植物和加工食品）（Cakraj，2019）。

国家级数据收集系统：阿尔巴尼亚有基于农场的官方数据收集系统，该系统拥有国家委员会的授权。但是，现有数据存在一些不一致之处。

5. 有机农业国家机构和相关国际组织

支持有机农业的主要国家机构：主要国家机构包括农业和农村发展部、国家有机生产委员会、该部各司局和地拉那大学。

参与有机生产的农民团体/组织：主要的非政府组织包括 BioAdria、有机农业协会、有机农业研究所、阿尔巴尼亚营销协会和阿尔巴尼亚精油生产者和精油作物种植者协会。有机农业协会于 1997 年 6 月 13 日由 22 位农业专家和农民成立，是该国历史最悠久的有机组织。其成员包括农民、大学教师、研究人员、商人和阿尔巴尼亚有机运动中的其他个体。BioAdria 成立于 2005 年，是农民、加工商、贸易商和消费者等有机行业相关人员组成的伞式协会，该协会定期发布有关有机生产技术和研究活动的信息材料。

支持有机农业发展的国际组织和援助项目：阿尔巴尼亚的第一个有机农业项目是乐施会在其北部小型农场实施的永续农业。最振奋人心的项目是2001—2011 年实施的阿尔巴尼亚可持续农业支持项目，该项目由瑞士发展与合作署和瑞士经济事务国务秘书处资助，由有机研究所实施。其他重要项目包括与巴里地中海农艺研究所（CIHEAM）合作开展的项目："有机生产方法的推广和技术支持综合援助项目"（PAB‑Interreg IIIA 2004—2007）和"关于意大利参与巴尔干地区国家稳定、复兴和发展进程的条例"（Bio‑84/01）。此外，还包括由德国国际合作机构、美国国际开发署、联合国开发计划署、新兴国家发展合作组织、瑞典国际开发合作署和土耳其合作与协调署资助组织的有机农业的各种培训、考察和研讨会。

6. 机遇与挑战

开展或扩大有机农业规模的主要障碍：农场规模比较小且位置分散，农民经营资源有限，这些农民之间也缺乏正式或非正式合作；需要多样化的生产系统和技术整合（例如灌溉、收获后环节）以适应当地的条件；农民很难找到有机投入；需要修订法律以与欧盟法律保持一致；需要努力进一步开拓国内市场；建立有效的控制体制以促进公平竞争并在国内市场建立信任，这些是阿尔巴尼亚面临的主要挑战。提高公众意识和增加产品多样性将有助于促进阿尔巴尼亚国内有机市场的发展。

开展或扩大有机农业规模的主要机会：阿尔巴尼亚拥有多样化的生态系统和丰富的自然资源。许多地区依然采用传统低投入的农业生产方式，当地产品十分贴近有机产品的要求。就地理位置而言，阿尔巴尼亚非常靠近欧洲的主要有机市场国家。在该国开展的项目使阿尔巴尼亚有机农业从业者能够在最大的有机产品展览会德国纽伦堡国际有机产品展上开展对外贸易活动、接触全球从业者。

从过去的农机农业项目中吸取的主要经验教训：SASA 项目体现了以下因素的重要性即以市场为导向的思维方式、价值链管理以及农民间的正式或非正式合作，以便帮助他们获得市场准入。

未来发展的关键战略和行动：以参与的方式起草新的战略和行动计划并为决策者提供指导，以进一步推广具有出口和国内市场潜力的高价值有机动植物产品。

7. 访问以下网站可获取更多信息

http：//www. bujqesia. gov. al/：Ministry of Agriculture and Rural Development

http：//www. ibb. al/：Institute of Organic Agriculture

http：//www. albinspekt. com/：Certification body Albinspekt

http：//www. aam. al/：Albanian Association of Marketing

http：//www. organicexport. info/albania. html

https：//globalorganictrade. com/country/albania

https：//www. organic - europe. net/country - info/albania/country - info - albania - report. html

亚美尼亚

1. 有机农业发展背景

亚美尼亚的有机农业发展大约始于 20 年前。当时在瑞士福音派教会援助组织（瑞士）的支持下，当地非政府组织积极参与了一些国际有机农业产业项目，而瑞士外交部发展合作署（SDC）是这些项目的主要资助方。随后美国国际开发署（USAID）和欧盟也资助开发了一些项目。然而，由于缺乏统一的有机运动或总体战略的指导，有机农业的发展未能产生协同效应。在建立有机农业的第一个十年中，该国在这方面的主要进展包括通过当地电视频道宣传有机食品和获得有机投入，以及在当地建立有机认证机构以及产品出口（主要销往欧洲市场）。

亚美尼亚有机私营认证机构 ECOGLOBE 成立于 2002 年，是亚美尼亚有机农业发展史的重要里程碑。目前，亚美尼亚已经开展了各种作物的有机种植、养蜂和野外采集活动。当地加工公司生产面向本地和国际市场的有机加工产品。2008 年，基于《食品法典》有机指南和欧盟有机法规制定的《有机农业法》发布。2015—2019 年由欧盟资助、奥地利开发署共同出资和实施的项目为推动有机农业发展做出了重大贡献。2016 年，有机农业支持计划（OASI）项目直接向大约 50 名农民和加工商提供了资金补助，以覆盖认证支出和生产物资投入。该项目旨在通过增强所有利益相关者对有机农业的了解来提高亚美尼亚有机市场的产品供需。

2. 有机生产

有机认证估算总面积（完全有机和转换中土地）：亚美尼亚共有 60 多家经认证的有机生产商和 20 000 公顷有机生产管理区域，包括野生采集区和转化区（Sahaktyan，2019）。瑞士有机农业研究所统计显示该国共有 6 250 公顷有机认证土地，其中耕地面积为 1 430 公顷，野生采集地为 4 820 公顷。大约有 36 家运营商（Willer 和 Lernoud，2019）。

有机认证面积占有机农业用地的估算比例：0.1%。

有机畜牧业：养蜂是一项重要活动，2017 年调查显示该国共有 1 818 个有机蜂箱（Willer 和 Lernoud，2019）。

食品和非食品有机产品的加工：在有机产品经营商中，有 22 家主要从事果汁、干果和加工食品的生产商。

3. 立法、监管和政策框架

有机农业的主要负责部门/机构：亚美尼亚农业部是主要负责部门。

有机法律法规：该国有机农业法于 2008 年 5 月 5 日通过政府批准，2009 年 5 月 14 日颁布。该法规范了农产品和材料的生产、保存、加工、运输和销售以及野生植物的储存，定义了有机农业管理的原则和法律依据、有机农产品的主要流通规则、国家支持政策指南以及授权机构的职责。该法律的范围很广，因此需要进一步的相关细则，这些细则的缺失导致在执行层面上出现问题。此外，自 2009 年 6 月 26 日起，第 704 - N 号政府法令规定了用于认证有机产品的亚美尼亚国家有机标志。

国家自愿性有机标准：为满足欧盟有机市场的要求，亚美尼亚生产商可申请"绿色高加索"的私营标准认证（ECOGLOBE 与格鲁吉亚有机认证公司 CAUCASCERT 联合开发的商标）。该商标对本地市场以及根据 EN45011 和欧盟法规 834/2007 和 889/2008 获得认证的市场的商品同样适用。

国家有机监管体系：尽管拥有有机农业法，但管理市场上有机标签的监管机制薄弱。该系统涉及的主管部门为农业部。在某些情况下，经济部或其他部委也会参与到有机农业的管理中。例如，它们可能会为塔马拉水果有机花园的建设等项目提供支持。

运作/授权的认证机构（国内或国外）：亚美尼亚认证机构 ECOGLOBE 已获得国际认可。ECOGLOBE 与其格鲁吉亚合作伙伴 CAUCASCERT 在遵循统一区域标准的情况下共同合作。而 ECOGLOBE 还获得了美国国家有机计划的许可，欧盟授权在亚美尼亚进行认证管理的机构名单见表 2 - 2。

表 2 - 2　欧盟授权在亚美尼亚进行认证管理的机构名单

机构名称（国家）	代码	第一类 非加工植物产品	第二类 活体动物或非加工动物产品	第三类 水产品和海藻	第四类 经加工的可食用农产品	第五类 经加工的饲用农产品	第六类 用于栽培的分株繁育材料和种子
Albinspe * 1kt（阿尔巴尼亚）	AM - BIO - 139	×	×	—	×	—	—

（续）

机构名称 （国家）	代码	第一类 非加工 植物产品	第二类 活体动物 或非加工 动物产品	第三类 水产品 和海藻	第四类 经加工的 可食用 农产品	第五类 经加工的 饲用 农产品	第六类 用于栽培的 分株繁育材 料和种子
bio. inspecta AG （瑞士）	AM‐BIO‐161	×	—	—	×	—	—
CCPB SRL （意大利）	AM‐BIO‐102	×	—	—	×	—	—
控制联盟	AM‐BIO‐149	×	—	—	×	×	×
CERES （德国）	AM‐BIO‐140	×	—	—	×	—	—
Ecocert SA （法国）	AM‐BIO‐154	×	—	—	—	×	—
ECOGLOBE （亚美尼亚）	AM‐BIO‐112	×	—	—	×	—	—
ICEA （意大利）	AM‐BIO‐115	×	—	—	—	—	—
Kiwa BCS （德国）	AM‐BIO‐141	×	—	—	—	—	—
有机标准 （乌克兰）	AM‐BIO‐108	×	—	—	—	—	—

资料来源：OFIS，2019。

关于有机农业的国家战略和行动计划：尽管《2010—2020 年农业和农村发展可持续战略计划》将有机农业列为优先发展领域，但实际上，该国实际没有有机农业专门的战略或行动计划。

支持有机农业的政策措施：国家对有机农业发展的支持有限。

4. 有机农业营销

国内市场：2005 年开展的第一次有机农业消费者调查显示，埃里温超市一半顾客十分愿意购买环保纯有机产品。然而，消费者并不了解获得有机标签、有机生产和相关认证的要求。此后，一些超市组织了一些推广有机产品的活动。SAS 连锁超市、农业企业和农村发展中心（CARD）以及新鲜快线有机商店向亚美尼亚出口了 400 多种有机产品。CARD 还在埃里温开设了"绿色日"有机商店。连锁超市 Yerevan City（埃里温城市）、Moskvichka 和 SAS 也出售各种本地生产的有机产品，例如果汁、花蜜、蜂蜜、凉茶、速溶果茶和油。尽管该国国内有机市场的规模仍然较小，但其需求呈现增长趋势。

进口市场：埃里温等大城市商店里的有机产品主要从欧洲国家进口。根据现行有机农业法，进口有机产品应具备出口国的证明文件，并应按照亚美尼亚法律、国际条约和其他法条的要求贴上相关标签和商标。进口商应保存上述认证文件至少两年[①]。

出口市场：自2015年1月1日起，亚美尼亚成为了欧亚经济联盟（EEU）的成员国，其安全质量认证及进口程序均须符合欧盟标准。亚美尼亚有机产品的生产以出口为导向，并于2008年出口第一批有机产品。这些产品包括蜂蜜、果汁、花蜜、果脯、个体速冻产品，以及在野外栽培或采集的水果和浆果中提取的半成品（如果泥和浓缩物）。业内消息人士估计，2010—2013年亚美尼亚有机产品出口增长了10倍。其有机农产品的主要市场是俄罗斯和欧盟，即欧盟中的德国、法国、匈牙利和荷兰。其他出口目的地包括哈萨克斯坦和其他中亚国家。预计其出口市场将继续扩大，覆盖包括美国、加拿大和亚洲地区。美国市场对亚美尼亚至关重要，但目前其实际对美出口量仍然有限。加工水果、香草和蜂蜜是出口潜力最大的有机产品。传统的谷物和豆类也可以作为特色谷物出口。亚美尼亚的有机出口战略越来越关注增值产品，例如杏干（野生和养殖）、果仁油、草药（提取物最佳）和特色蜂蜜（Leshchynskyy，2018a）。

国家级数据收集系统：亚美尼亚没有关于有机市场的官方统计数据，私营部门也没有系统的数据收集。

5. 国家有机农业机构和相关国际组织

支持有机农业的主要国家机构：农业部是推动亚美尼亚有机农业发展的重要政府机构。此外，该国农民组织也参与到了有机农业生产当中，但缺乏优秀的农民组织。亚美尼亚也有若干促进和支持有机农业的非政府组织（NGO）。ICARE国际农业企业研究和教育中心是领先的非政府组织之一，该中心旨在为亚美尼亚的食品和农业领域开发永续知识能力，是一个通过最先进的教育计划和前沿研究培养食品和农业综合企业领导者的国际卓越中心。而CARD则负责设计和实施农业发展援助计划，以满足该领域可持续增长的首要目标（Sahakyan，2019）。

支持有机农业发展的国际组织和援助项目：有机农业支持计划（OASI）是奥地利发展署（ADA）开展的一项为期3年、由欧盟资助的项目，专门旨在提高亚美尼亚有机产品的附加值并帮助提高有机农业领域的公共和私营机构的运营效率。亚美尼亚建设有机农业（BOAA）项目由亚美尼亚国立农业大学

---

① 更多信息见 https：//globalorganictrade.com

和奥地利自然资源与生命科学大学与国际有机农业运动联盟（IFOAM）合作开展。该项目的目标是促进亚美尼亚有机农业的跨学科发展，通过开发和推广参与式课程提高有机行业利益相关者的知识和技能。农村经济发展—新经济机会（RED-NEO）项目是一项由美国国际开发署于2019年出资开展的、为期5年的计划，旨在应对亚美尼亚农村地区面临的经济挑战。RED-NEO项目将通过支持至少60个社区的至少100家企业来实现包容、可持续的经济安全和经济增长。

6. 机遇与挑战

开展或扩大有机农业规模的主要障碍：据报道，阻碍亚美尼亚有机农业发展的主要挑战是：①国家对有机行业发展的支持有限；②缺乏国家有机行动计划；③缺乏有机农业教育课程；④亚美尼亚有机产品认知度低；⑤管理市场生物和有机标签的监管机制薄弱。从其农业技术整合中可以看出亚美尼亚的农业在现代化方面取得的进展有限。而农民需要获得知识和适当的技术从而才能建立更好的管理体系。

开展或扩大有机农业规模的主要机会：由于有机市场的扩大和有机产品越来越受消费者欢迎，对亚美尼亚有机产品（如干果、浓缩果汁或蜂蜜）的需求持续增长。现有的低投入系统使农民在获得了财政和技术支持的情况下，更容易向有机农业转换。农业生态旅游的潜力很大，这有助于提高农场的非农业来源收入。此外，应当向农村人口提供教育和培训，帮助他们获得其他非农就业机会。

从过去的有机农业项目中吸取的主要经验教训：有机农业项目推动建立了一批成功的非政府组织。与此同时，决策机构和当局也需要随着有机农业的发展同步调整相关工作，以推动有机农业在国家层面的发展。

未来发展的关键战略和行动：以参与的方式起草新的战略和行动计划，并为决策者提供指导，以进一步推广具有出口和国内市场潜力的高价值有机动植物产品。

7. 访问以下网站可获取更多信息

http：//minagro. am/en/agriculture-in-armenia

https：//icare. am

http：//card. am/en

https：//statistics. fibl. org/world/key-indicators-world. html？tx_statistic-data

https：//globalorganictrade. com/country/armenia

阿塞拜疆

1. 有机农业发展背景

阿塞拜疆的有机农业始于 20 世纪 90 年代末。1996 年一群科学家成立了甘贾农业企业协会（GABA），成为阿塞拜疆有机农业发展的一个里程碑。2002 年，GABA 加入国际有机农业联盟（IFOAM）。2004 年，GABA 根据欧盟法规制定了有机农业法律草案，并提交给阿塞拜疆议会。2006 年，GABA 的出版物《有机农业》杂志首次在阿塞拜疆出版。2008 年，有机农业法通过。然而尽管对该法案进行了各种修正，其最终并没有得到充分实施。

过去十年中，在美国国际开发署（USAID）、土耳其合作与协调机构（TIKA）、德国国际合作机构（GIZ）、粮农组织等捐助者的支持下，阿塞拜疆实施了各种有机农业项目。阿塞拜疆从欧洲各国进口有机产品，并作为专门的有机商品进行销售或与常规产品一起销售。在一些欧洲品牌的专门店，可以购买到有机棉制成的纺织品。2017 年，巴库开设了专门的有机化妆品商店。还有一些私营部门出口有机商品，如有机榛子、果汁和生物肥料等。阿塞拜疆将有机农业确定为国家农业发展路线中的优先领域之一，但想要取得更长足的发展，则仍需要进一步健全和修订立法、促进法律实施以及采取更多其他举措（Aksoy 等，2018）。

2. 有机生产

有机认证估算总面积：2017 年，有机耕地面积为 37 630 公顷，包括过渡期土地（从传统农业向有机农业过渡）。此外，水产养殖面积为 123 公顷，林地面积为 123 公顷和野生采集地面积为 1 063 公顷。有机管理土地认证总面积为 38 939 公顷。共有 350 个生产商，50 个加工商和 50 个进口商（Willer 和 Lernoud，2019，2015）。

有机认证面积占有机农业用地的估算比例：0.08%。

主要种植作物和种植面积：谷物 1 598 公顷（0.2%）；温带水果 754 公顷（1.4%）；热带和亚热带水果 495 公顷（4.4%）；柑橘 21 公顷（0.7%）；橄榄

13 公顷 (0.4%)；葡萄 41 公顷 (0.3%)；蔬菜 213 公顷 (0.2%)；油籽 126 公顷 (0.6%)。

经认证的野生收获面积：野生采集浆果 161 公顷、水果 541 公顷、坚果 179 公顷、药用和芳香植物 56 公顷及其他 126 公顷。

有机畜牧业：只有养蜂业通过认证，总计有 932 个蜂箱采用有机方式管理。

食品与非食品有机产品的加工：在有机经营者中，有 50 家是食品加工企业，主要加工果汁和坚果。

3. 立法、监管和政策框架

有机农业的主要负责部门/机构：阿塞拜疆农业部、生态和自然资源部、教育部、卫生部和国家标准化、计量和专利委员会（AZSTAND）是主要负责部门。AZSTAND 成立于 2017 年 4 月 17 日，整合并取代了之前负责处理计量和专利的委员会以及国家统计委员会。

有机法律法规：2008 年 6 月 13 日出台的《生态清洁农业法》为"生态清洁"（"有机"的同义词）的农业生产、加工、储存、运输、包装、标签和有机产品的销售奠定了法律和制度基础。阿塞拜疆内阁《关于通过与〈有机农业法〉有关的一些法律条文的决定》（"2009 年内阁决定"）批准实施以下条例：关于有机产品和传统产品平行生产的规定，关于有机农业和食品生产的规定以及有机农业中允许使用的天然和人工物质的清单，关于为有机生产者颁发证书的规定和证书模板，关于有机农业中的生态检查（合规）和认证以及认可的机构职能的规定，关于有机农业和食品认证的规定和证书模板，关于有机农业和食品流通的规定，关于有机农业和食品标签的规定，以及关于有机农业和食品储存和运输的规定。

2010 年总统令《关于确保实施〈有机农业法〉的补充措施》明确了负责实施法律规定的具体任务的部门和其他公共机构（Aksoy 等，2018）。

粮农组织在阿塞拜疆实施了"GCP/AZE/006/TUR：阿塞拜疆有机农业发展"项目，在项目实施期间进行的法律分析认为，目前阿塞拜疆的有关立法仍不完备，不足以确保阿塞拜疆有机产业的有效管理和发展。为此，有关部门提出了一些建议并提交给农业部，目前这些建议仍有待落实。

国家自愿性有机标准：既没有自愿性国家有机标准，也没有标识。

国家有机监管体系：根据目前阿塞拜疆有关有机农业的国家立法，阿塞拜疆的有机产业市场监督主体为经济部；然而，由于国家有机产业监管体系没有发挥应有的作用，所以没有对参与有机生产和经营的农民或企业进行登记，也还没有国家有机标识。在阿塞拜疆，关于有机农业的法律和相应的法律行为没有明确指出主管部门或法令顺序，因此，制定监管目标的过程中，在责任分配上出现了混乱的局面，反映出有关主体缺乏对体系的了解。在被赋予责任的各种机构中，有些机构没有足够的技术能力来指导有机领域的工作。由于管理中存在这种鸿沟，所有的检查和认证职能都由外国管控机构参照进口国要求的标准来完成。

运作/授权的认证机构（国内或国外）：由于相应的国家机构体系没有发挥应有的作用，相关管控机构根据进口国的规定在阿塞拜疆运作，如美国（美国国家有机计划）、加拿大和欧盟的规定。欧盟授权在阿塞拜疆进行认证管理的机构名单见表2-3。

表2-3 欧盟授权在阿塞拜疆进行认证管理的机构名单

机构名称（国家）	代码	第一类 非加工植物产品	第二类 活体动物或非加工动物产品	第三类 水产品和海藻	第四类 经加工的可食用农产品	第五类 经加工的饲用农产品	第六类 用于栽培的分株繁育材料和种子
A CERT（希腊）	AZ-BIO-171	×	—	—	×	—	—
AGRECO R. F. GÖDERZGmbH（德国）	AZ-BIO-151	×	×	—	×	—	—
bio. inspecta AG（瑞士）	AZ-BIO-161	×	—	—	×	—	—
CCPB SRL（意大利）	AL-BIO-102	×	—	—	×	×	—
CERES（德国）	AZ-BIO-140	×	—	—	×	—	—
Control Union（荷兰）	AZ-BIO-149	×	×	×	×	—	×
Ecocert SA（法国）	AZ-BIO-154	×	—	—	—	—	—
Kiwa BCS（德国）	AZ-BIO-141	×	—	—	×	—	—
LACON GmbH（德国）	AZ-BIO-134	×	—	—	×	—	—
Letis SA（阿根廷）	AZ-BIO-135	×	—	—	×	—	—
ORSER（土耳其）	AZ-BIO-166	×	—	—	×	—	—
Organic Standard（乌克兰）	AZ-BIO-108	×	—	—	—	—	—

资料来源：OFIS，2019。

2005 年，在 GABA 的支持下，阿塞拜疆成立了第一个有机认证机构 AZEKOSERT。然而，该机构并没能发挥作用。目前还没有国家认证机构被认可或授权来认证有机业务。

关于有机农业的国家战略和行动计划：阿塞拜疆国家农业战略中有一个专门关于有机农业的章节。依托粮农组织的一个项目，阿塞拜疆起草了一个为实现 2020 年战略目标的行动计划，但该计划没有得到实施。

支持有机农业的政策措施：《农产品生产和加工战略路线图》（2016 年 12 月 6 日，第 1138 号文件）确定了确保粮食安全的主要机制，其中有一节涉及有机农业。为实现这些目标，阿塞拜疆依托粮农组织的一个项目起草了行动计划，但该计划没有得到实施。目前，政府对常规农业和生物肥料所需的化学投入品进行补贴，但没有对有机农业的补贴。

4. 有机农业营销

阿塞拜疆的有机生产从初始阶段就一直以出口为导向。

国内市场：阿塞拜疆国内市场上的有机产品供应有限。主要包括新鲜水果和蔬菜、蜂蜜、榛子、水牛奶和干野果。上述产品可在农贸市场购买或线上购买配送到家。有机加工产品主要从欧洲国家进口，如有机沙拉酱、意大利面和橄榄油，这些在巴库的超市中有销售。

进口市场：阿塞拜疆进口许多以植物或动物为原料加工的食品。在巴库可以购买到有机认证的化妆品和有机棉纺织品。欧洲国家和俄罗斯联邦是主要的进口市场。

出口市场：阿塞拜疆的有机产品出口主要由私营部门经营。一些公司已经开始使用有机方式生产石榴汁和其他一些水果，并向俄罗斯联邦、德国、乌克兰、白俄罗斯、爱沙尼亚和阿拉伯联合酋长国出口产品。主要的出口产品是生石榴和加工石榴、东方甜柿、榛子和野生浆果。

国家级数据收集系统：国家统计委员会有收集数据的职责。然而，由于没有建立有效的有机产业体系，所以没有官方数据。有机农业区域实验和资源中心通过农场和市场收集地方和国家层面的数据。在 Willer 和 Lernoud 的书中（2019）有关阿塞拜疆有机农业的数据可以追溯到 2015 年。

5. 国家有机农业机构和相关国际组织

支持有机农业的主要国家机构：主要的政府机构包括农业部、经济部、生态和自然资源部、阿塞拜疆国立农业大学、阿布什伦蔬菜研究所，以及国家科学院下属的卡赫有机农业区域实验和资源中心。

参与有机生产的农民团体/组织：GABA 是阿塞拜疆推广有机农业的主要

组织。GABA 提供了重要的线上和线下服务，包括培训和教育、推广服务、营销、科学研究、生态土壤监测和商业规划。

支持有机农业发展的国际组织和捐助项目：粮农组织实施的"GCP/AZE/006/TUR——阿塞拜疆有机农业的发展和机构能力建设"项目，旨在建立一个有效的机构体系，以支持和管理阿塞拜疆的有机农业，以及加工和销售的相关活动。美国国际开发署的"智能阿塞拜疆农场"项目也促进了有机农业的发展。在德国国际合作机构（GIZ）、美国国际开发署（USAID）、经济合作组织（ECO）和土耳其合作与协调机构（TIKA）等组织的资助下，阿塞拜疆举办了各种培训、考察和研讨会，并编写了关于有机农业的报告。

6. 机遇与挑战

开展或扩大有机农业规模的主要障碍：主要障碍在于缺乏政府支持以及相关政府机构之间沟通不畅。需要将国家标准与国际有效标准接轨，并建立一个在有机农业方面行之有效的国家管理体系。必须为利益相关者组织正式的和非正式的教育培训，并建立知识库帮助阿塞拜疆弥补有关知识的不足。同时要确保这些项目的广泛性和普惠性，涵盖从农民、技术人员和加工者到消费者的所有利益相关方。

开展或扩大有机农业规模的主要机会：阿塞拜疆拥有多样化的生态系统、丰富的自然资源和广泛的产品多样性。政府从环境保护区进行植物采样，并记录容易转化为有机产品的种类和数量。这也可以提高环境脆弱区域的可持续性。容易实现低投入的农业生产方式，诸如坚果和药用芳香植物等低投入且保质期更长的产品也可以被纳入有机价值链中。

从过去的有机农业项目中吸取的主要经验教训：在过去项目的实施过程中，阿塞拜疆已经成功地开展了很多活动，但项目结束后，决策者没有持续跟进以促进相应活动的延续。

未来发展的关键战略和行动：国家机构必须行动起来，首先需要确定主管部门及其职权；需要多方参与发起新的战略和行动计划，使之为决策者提供指导，从而进一步促进有机动植物产品的发展，发挥其出口和国内市场的潜力。

7. 访问以下网站可获取更多信息

http：//www.gaba.az/

http：//www.worldsrichestcountries.com/top - azerbaijan - exports.html

https：//www.stat.gov.az/source/agriculture/

白俄罗斯

1. 有机农业发展背景

白俄罗斯的有机农业始于 2000 年，由一些农业创业者和非政府组织（NGOs）发起，并一直由其主导。自 2006 年以来，生态家园（Ecohome）和环境解决方案中心（The Center of Environmental Solutions）实施了许多与有机农业有关的项目。2006 年，一个名为"科罗昌斯基振兴妇女联盟（Women for the Revival of the Narotchansky District）"的非政府组织开始了一项倡议，在科罗昌斯基国家公园的 20 公顷土地上开始试点有机耕作。另外还有一个由格罗德诺国立农业大学的科学家领导的小组在娜达莎切尔诺贝利儿童康复中心经营着一个小型有机农场。

2012 年 7 月，白俄罗斯内阁就发展有机农业颁布了一项法令以及一项行动计划。2013 年，非政府组织 Agro - Eco - Culture 成立，吸引了诸多专家和活动家的参与。Agro - Eco - Culture 与国际非政府组织合作，建立了一个网站①，组织研讨会、出版书籍和宣传册，并向所有利益相关者进行推广。首次关于有机农业的会议于 2013 年 11 月在白俄罗斯举行，并于 2014 年同期再次召开。会议主要由多个非政府组织承办，由清洁波罗的海联盟（Coalition Clean Baltic）赞助。近年来，这些非政府组织与政府之间建立了密切的合作关系。

2. 有机生产

有机认证估算总面积（完全有机和过渡期）：第一批有机生产商于 2010 年根据欧盟立法开始了有机认证程序。2013 年，共有 8 个农场，总认证面积为 100 公顷。这些农场包括：①白俄罗斯国立大学的教育实验农场；②Luchenok 有机农场（12.3 公顷）；③Vodoley（9 公顷）；④Malina（5 公顷）；⑤DAK（60 公顷）（Semenas，2014）。此外，还有 2 642 公顷的野生采集区（2016 年数据）（Willer 和 Lernoud，2019）。

---

① 更多信息见 http：//www.agracultura.org/

有机认证面积占有机农业用地面积的估算比例：数据暂无。

主要种植作物与种植面积：野生浆果 100 公顷；野生蘑菇 2 642 公顷。

经认证的野生收获面积：2 742 公顷（2016 年数据）。

有机畜牧业：数据暂无。

食品与非食品有机产品的加工：在有机经营者中，有一家加工商，一家出口商（2016 年数据）。

3. 立法、监管和政策框架

有机农业的主要负责部门/机构：白俄罗斯农业部、国家科学院和经济部是主要负责部门。

有机法律法规：2018 年 11 月 9 日，总统签署了《关于有机产品的生产和流通》法律，并将于 2019 年 11 月 9 日生效。在此期间，为实施有机立法，需要制定相应法规，以及明确有机认证要求。

国家自愿性有机标准：既无自愿性国家有机标准，也无标识。

国家有机监管体系：该法律尚未实施。有机生产和加工的主管部门是农业部，目前还没有建立任何制度。

运作/授权的认证机构（国内或国外）：白俄罗斯无国家或地方的认证机构。

欧盟授权在白俄罗斯进行认证管理的机构名单见表 2-4。

表 2-4　欧盟授权在白俄罗斯进行认证管理的机构名单

机构名称 （国家）	代码	第一类 非加工 植物产品	第二类 活体动物 或非加工 动物产品	第三类 水产品 和海藻	第四类 经加工的 可食用 农产品	第五类 经加工的 饲用 农产品	第六类 用于栽培的 分株繁育材 料和种子
A CERT （希腊）	BY-BIO-171	×	—	—	×	—	—
CCPB SRL （意大利）	BY-BIO-102	×	—	—	×	×	—
CERES （德国）	BY-BIO-140	×	—	—	×	—	—
Control Union （荷兰）	BY-BIO-149	×	×	×	×	×	×
Ecocert SA （法国）	BY-BIO-154	×	—	—	×	—	—
ECOGLOBE （亚美尼亚）	BY-BIO-112	×	×	—	×	—	—

（续）

机构名称 （国家）	代码	第一类 非加工 植物产品	第二类 活体动物 或非加工 动物产品	第三类 水产品 和海藻	第四类 经加工的 可食用 农产品	第五类 经加工的 饲用 农产品	第六类 用于栽培的 分株繁育材 料和种子
Ekoagros （立陶宛）	BY-BIO-170	×	×	—	—	—	—
Kiwa BCS （德国）	BY-BIO-141	×	—	—	×	×	—
Letis SA （阿根廷）	BY-BIO-135	×	—	—	—	—	—
Organic Standard （乌克兰）	BY-BIO-108	×	×	×	×	×	×
Valsts SIA （拉脱维亚）	BY-BIO-173	×	—	—	—	—	—

资料来源：OFIS，2019。

关于有机农业的国家战略和行动计划：有机农业是该国 2016—2020 年社会和经济发展计划的重点，目前还没有具体的有机农业国家战略。

支持有机农业的政策措施：有机农业暂无国家补贴。

4. 有机农业营销

国内市场：白俄罗斯的有机市场处于起步阶段，尽管对有机产品有需求，但生产者和消费者之间没有联系。在 Ecohome 的调查中，95.4% 的受访者表示他们愿意购买有机产品。大多数人（89.4%）解释说，有机食品对健康有好处。购买有机食品的首选场所是普通食品店（Semenas，2013）。小规模的农民无法提供足够的有机产品。一些超市宣布，在全年都有稳定货源的情况下，他们会考虑开设有机产品部门。购买有机食品的主要渠道是通过网购或农民的直接销售（直接送货上门）。这两种渠道都售卖季节性产品（苹果、草莓、西瓜、黄瓜和其他蔬菜）和保质期长的产品（马铃薯、胡萝卜、甜菜和苹果汁）。

进口市场：无。

出口市场：无有机产品出口。对于常规农业食品，俄罗斯联邦是主要的出口市场。

国家级数据收集系统：没有官方的数据统计体系。无法向 FiBL-IFOAM 调查提供 2017 年的数据（Willer 和 Lernoud，2019）。

5. 国家有机农业机构和相关国际组织

支持有机农业的主要国家机构：主要的政府机构是农业部、国家科学院、格罗德诺国立农业大学、Agro‐Eco‐Culture 非政府组织和 Ecohome 非政府组织。

参与有机生产的农民团体/组织：在白俄罗斯，非政府组织在有机农业领域非常活跃，并吸纳了有机生产商、研究人员以及其他相关人员。

主要的非政府组织：Ecohome 成立于 1996 年，旨在促进生态生活方式和可持续发展的理念[①]。环境解决方案中心（The Center for Environment Solutions）成立于 2009 年，旨在倡导生态友好的生活方式，普及可持续发展的原则，以及推动国际合作，从而保护白俄罗斯的环境[②]。Agro‐Eco‐Culture 成立于 2013 年，旨在促进白俄罗斯的有机农业发展和环境友好的生活方式。他们是第二届白俄罗斯国际有机会议和有机节的协办者[③]。可持续生活韧性和生态方法（REALS）项目致力于促进白俄罗斯的有机农业发展，以及东欧的社会经济发展。实现基金会（The Foundation of Realization）是白俄罗斯的一个生态团体，旨在鼓励和发展该地区的有机农业。

支持有机农业发展的国际组织和捐助项目：《欧盟委员会行动方案的执行决定 2016》和《加强白俄罗斯私营组织发展》的行动文件（SPRING）中，有一些与有机农业有关的能力发展内容。后者在 2014—2017 年由欧洲邻邦机制（European Neighbourhood Instrument）资助。

6. 机遇与挑战

开展或扩大有机农业规模的主要障碍：白俄罗斯的国有土地比例高于本报告中的任何其他国家，但国家支持不足以促进有机农业的发展。《关于有机产品的生产和流通》一法已经签署，并将在 2019 年 11 月全面实施。目前迫切需要制定国家法规和标准，以及有机认证体系，否则该法实施将被推迟。白俄罗斯还要与主要利益相关者合作，制定有机农业发展的战略行动计划。在这方面，利益相关者需要积极沟通协商，从而形成一个有机化的风潮。预计国家和地方政府之间也会有强有力的合作。

缺乏有机贸易商是市场发展的主要制约因素。创业的过程烦琐，需要大量的文书工作，启动一个零售体系需要很多许可证和文件。此外，有机农业的社会认知度低，又缺乏可靠的信息，导致消费者兴趣不足，这些也限制了有机产

---

① 更多信息见 http：//ecohome‐ngo.by/

② 更多信息见 https：//www.ecoidea.by/

③ 更多信息见 http：//www.agracultura.org/

业的发展。

开展或扩大有机农业规模的主要机会：白俄罗斯有强大的基层动员能力来促进关于有机农业的活动。然而，为了推广有机农业，需要采取进一步的措施。这些措施可以概括为：简化土地租赁程序；制订支持法律实施的方案；开展宣传活动；进行方案和工具培训；对专业人员进行有机农业教育；建立国家有机农业研究计划并推广成果。

从过去的有机农业项目中吸取的主要经验教训：由于结构性问题，已经开展的少数项目没有产生重大影响。

未来发展的关键战略和行动：为了迅速实施《关于有机产品的生产和流通》这一法律，必须制定相应的细则，并建立登记、数据统计和监督体系。有机农业是白俄罗斯 2016—2020 年社会和经济发展计划的重点，因此应将行动落实到位。

7. 访问以下网站可获取更多信息

http：//ecohome－ngo. by/

http：//www. agracultura. org/

https：//www. ecoidea. by/

波　　黑

1. 有机农业发展背景

由于历史原因，波黑有着不同的行政结构，这对有机农业的发展和现状产生了影响。该国由两个实体（波黑联邦和塞族共和国）和一个具有特殊地位的地区（布尔奇科区）组成。波黑联邦的有机农业始于 20 世纪 90 年代，即欧洲有机市场蓬勃发展之后的一段时间。最初只是促进有机农业的过渡和认证，且发展过程相当缓慢。标志着这一阶段的第一个重大发展是国家认证机构 Organska Kontrola（OK）的成立和其在 2003 年取得了 ISO 认证。2011 年，OK 获得了欧盟的等效认证。2009 年，塞族共和国通过了第一部有关有机农业的法律；后来，在 2012 年，塞族共和国又通过了一部新的法律，并对其进行了若干修正。2015 年，塞族共和国成立了一个有机生产者协会。波黑联邦在 2016 年通过了关于有机农业的法律，现在波黑有机农业发展的重点是有机生产者的登记和开发有机产品的标识。波黑联邦持续调整与农业和环境有关的立法和政策，包括有机农业。

2. 有机生产

有机认证估算总面积：2017 年，波黑约有 1 273 公顷有机耕地和 150 604 公顷野生采集区，共计 151 877 公顷（Willer 和 Lernoud，2019）。

有机认证面积占有机农业用地的估算比例：0.1%。

主要种植作物和种植面积：在野生采集区，主要作物是药用和芳香植物（103 575公顷）、蘑菇（45 000 公顷）和浆果（2 030 公顷）。在耕地中，主要作物是谷物（105 公顷）、油籽（87 公顷）、蔬菜（28 公顷）、干豆类（15 公顷）和温带水果（1 公顷）。

经认证的野生收获面积：150 604 公顷。

有机畜牧业（包括养蜂和水产养殖）：据不完全统计，波黑有 293 个蜂箱通过有机认证。

食品与非食品有机产品的加工：根据 Willer 和 Lernoud（2019）的报告，波黑共有 304 个有机生产商，31 个加工商（主要是有机食品加工，如果汁和醋，以及精油提取）和 15 个出口商。来自 Agroklub① 的信息表明，2018 年初，波黑联邦有 55~60 个有机生产商，而塞族共和国有 15~20 个有机生产商。产品包括谷物、大麦、草药、蔬菜（豆类、大蒜）、草莓、水果、坚果（核桃）、棕色亚麻和药用及芳香植物，供应国内市场。欧盟认证的有机产品有野生采摘的草药、蘑菇、接骨木、狗玫瑰、野生黑莓和蓝莓、野生苹果和浆果，以及人工栽培的覆盆子、黑莓、蔬菜、榛子、谷物、工业和药用草药、香料、仙人掌、野樱莓、马铃薯、荞麦、柠檬香脂、南瓜、精油和水提取物、果汁和果酱、新鲜和冷冻的酸樱桃、樱桃汁、野苹果醋、玉米片、干果、糖和蜂蜜（Neskovic，2019）。

3. 立法、监管和政策框架

有机农业的主要负责部门/机构：由于该国行政结构的特殊性，在国家、实体和地方各级都有主管部门。在国家一级，由对外贸易和经济关系部（MoFTER）的农业、食品、林业和农村发展部门提供协调。对外贸易和经济关系部是波黑的主管部门，负责执行与确定政策、主要原则和协调活动有关的任务，并负责协调实体当局的农业计划和国际层面的机构计划。在各实体层面，负责有机农业的主管部门分别是塞族共和国的农业、林业和水务部（MAFW）；波黑联邦的农业、水管理和林业部（MAWMF）；以及布尔奇科区的农业、林业和水管理部（DAFWM）。

有机法律法规：波黑联邦和塞族共和国都已经发布了关于有机农业的条例，并分别在其境内进行管理。波黑联邦的法律为《农业有机生产法》《波斯尼亚和黑塞哥维那联邦官方公报》第 72/16 号。塞族共和国有《有机生产法》，官方公报塞族第 12/13 号。布尔奇科区没有任何关于有机农业的立法。在国家层面上还没有有机标识。

国家自愿性有机标准：既没有自愿性国家有机标准，也没有标识。

国家有机监管体系：该体系在塞族共和国比较发达，在其他地区处于发展阶段。

欧盟授权在波黑进行认证管理的机构名单见表 2-5。

表 2-5　欧盟授权在波黑进行认证管理的机构名单

机构名称 （国家）	代码	第一类 非加工 植物产品	第二类 活体动物 或非加工 动物产品	第三类 水产品 和海藻	第四类 经加工的 可食用 农产品	第五类 经加工的 饲用 农产品	第六类 用于栽培的 分株繁育材 料和种子
AGRECO R. F. GÖDERZ Gmbh （德国）	BA-BIO-151	×	×	—	×	—	—

---

① 更多信息见 https://www.agroklub.ba/

（续）

机构名称 （国家）	代码	第一类 非加工 植物产品	第二类 活体动物 或非加工 动物产品	第三类 水产品 和海藻	第四类 经加工的 可食用 农产品	第五类 经加工的 饲用 农产品	第六类 用于栽培的 分株繁育材 料和种子
Albinspekt （阿尔巴尼亚）	BA-BIO-139	×	×	—	×	—	—
bio. inspecta AG （瑞士）	BA-BIO-161	×	—	—	×	—	—
IMOswiss AG （瑞士）	BA-BIO-143	×	—	—	—	—	—
Ecocert SA （法国）	BA-BIO-154	×	×	—	×	—	×
LACON GmbH （德国）	BA-BIO-134	×	×	—	×	—	—
ORSER （土耳其）	BA-BIO-166	×	—	—	×	—	—
Organic Control System （塞尔维亚）	BA-BIO-162	×	—	—	×	—	—
Organska Kontrola （波黑）	BA-BIO-101	×	×	—	×	—	—

资料来源：OFIS，2019。

国家认证机构 Organska Kontrola（OK），成立于波黑，于 2003 年根据 ISO 17065 进行认证。2011 年，OK 获得了欧盟的等效认证。根据美国国家有机计划、日本农业标准和瑞士 Bio Suisse 的规定，OK 获得了有机认证的授权。OK 公司在其网站上公布了获得欧盟和波黑市场认证的有机经营者的完整名单，包括拥有有效认证的和被暂停或取消认证的经营者。网站上还可以找到每个生产商的联系方式。

关于有机农业的国家战略和行动计划：在国家层面上没有具体的战略或行动计划。2018 年 2 月通过的《波黑农村发展战略计划（2018—2021）》直接提到有机农业，并将其作为一个重要领域。

支持有机农业的政策措施：波黑联邦、塞族共和国和布尔奇科区都有对有机农业的补贴。

4. 有机农业营销

国内市场：波黑的国内市场有多种有机产品的营销渠道，包括零售店（大卖场、超市）、专卖店、保健品店/药店、农场直销、批发商和网上销售。有机产品通过电视、广播、报纸、博览会、社交网络上的广告，以及公共交通上的广告和印刷宣传材料进行推广。

进口产品：市场上无进口有机产品销售。

出口市场：出口市场在 2016 年的估值约为 350 万欧元，2017 年为400 万欧元（Willer 和 Lernoud，2019）主要出口类别是蔬菜、水果、药用植物、新鲜和冻干蘑菇，以及浆果类水果（覆盆子、黑莓、蓝莓、小红莓和草莓）。

国家级的数据收集系统：农业统计数据中目前不包括有机生产。此外，在波黑联邦没有登记有机生产商，只有塞族共和国有。

5. 国家有机农业机构和相关国际组织

支持有机农业的主要国家机构：在国家一级，由对外贸易和经济关系部（MoFTER）的农业、食品、林业和农村发展部门提供协调。对外贸易和经济关系部是波黑的主管部门，负责执行与确定政策、主要原则和协调活动有关的活动和任务，并负责协调实体当局的农业计划和国际一级的机构计划。在各实体层面，负责有机农业的主管部门是塞族共和国的农业、林业和水务部（MAFW），波斯尼亚和黑塞哥维那联邦的农业、水管理和林业部（MAWMF），以及布尔奇科区的农业、林业和水管理部门（DAFWM）。

参与有机生产的农民团体/组织：Organsko FBiH 是波黑联邦的一个有机生产者联盟，成立于 2009 年，有 17 个成员（7 个县级有机生产者协会和 10个负责有机生产发展的协会），汇集了约 2 000 个农业生产者（对外贸易和经济贸易部数据，2018 年）。2015 年在塞族共和国成立了一个有机生产者和加工者协会。在塞族共和国，大约有 26 个生产者参与有机农业生产，其中大多数人目前参与药材和浆果的生产。在布尔奇科区，有为有机生产提供的补贴，但人们对有机生产缺乏兴趣。

支持有机农业发展的国际组织和捐助项目：国际组织和捐助者在波黑的活动非常活跃，已经开展了各种有关有机农业的项目。其中一个开创性的项目是2000 年开始的一个名为"在东南欧国家引进和发展有机农业"的项目，为期 6年，由荷兰阿瓦隆基金会（Dutch Avalon Foundation）实施。2005 年，在欧盟的社区援助重建、发展和稳定计划的框架下，非政府组织地方发展倡议（LIR）开展了一个发展有机农业的项目，并在该国西北部建立了一个有机农业集群。另一个正在实施的项目是 Farma Ⅱ（2016—2020）项目，即 Farma Ⅰ（2010—2015）项目的第二阶段，该项目得到了美国国际开发署（USAID）和瑞典国际开发合作署（SIDA）的支持。该项目旨在提振当地消费者信心，吸引消费者购买波黑生产的有机食品和农产品。该项目支持向欧盟市场出口，并提供技术援助和培训，以提高该波黑有机产业的竞争力，加强增值食品的生产。

2015 年，巴尼亚卢卡农村发展协会与经济和农村发展中心以及公民协会"Something More"一起实施了由欧洲巴尔干地区基金（European Fund for the Balkans)[①] 资助的"改善有机农业政策并与欧盟标准协调"项目。

在能力建设和教育领域，波黑的一个重要抓手是欧盟 TAIEX，即欧盟委员会的技术援助和信息交流机制。这一机制负责协助公共管理部门协调、应用和执行欧盟立法，并促进分享欧盟的最佳实践。

6. 机遇与挑战

开展或扩大有机农业规模的主要障碍：行政结构的特殊性和不同实体和地区之间普遍存在的差异对扩大有机农业的规模造成了障碍。波黑农村地区发展较为落后，存在许多问题，尤其是基础设施落后、人口减少、知识匮乏和劳动能力低下。此外，技术缺陷、管理薄弱、消费者缺乏信心和企业缺乏营销知识等问题也都是主要障碍。

开展或扩大有机农业规模的主要机会：波黑的农业潜力很大，拥有良好的农业气候条件，各种作物的种植和野生采集条件良好，土地和水资源需要的管理投入低，农业和食品加工具有传统优势，并且有大量的本土产品供给，农业制造商也有一定的知识储备，在有机农业方面较为积极。根据经合组织（OECD）的分类，农村地区约占波黑总面积的 81%，约占总人口的 61%。波黑有相应的战略规划和支持政策帮助改善有机农业的局面、价值和可持续性，这些将促进有机农业的发展。

从过去的有机农业项目中吸取的主要经验教训：项目的社会成果与技术提升同样重要。在这方面，有机农业创造了一种附加值，因为有人指出"有机产业项目活动创造了一种联系，就像'胶水'一样将不同的利益集团联合起来"（Habul 和 Nikolić，2007）。

未来发展的关键战略和行动：波黑在农业、食品和农村发展部门的政策是随着加入欧盟的准备工作而同步完善的。波黑将逐步采取措施，使其法律、机构和工业实践与欧盟的实践相协调和融合。波黑目前面临一个特殊挑战，即通

---

① 更多信息见 http：//organskakontrola. ba/site/eu_market_certified_operators. pdf

过并应用欧盟的法规。因此，加入欧盟的战略计划中包括一个关于有机农业的部分，其中"有机生产面积"被确定为关键的监测指标之一。

7. 访问以下网站可获取更多信息

http：//www.mvteo.gov.ba/

https：//fmpvs.gov.ba/

http：//www.vladars.net/

http：//poljoprivreda-umarstvo-ivodoprivreda

http：//www.organskakontrola.ba/en/index.php

格鲁吉亚

1. 有机农业发展背景

格鲁吉亚位于黑海东岸，面积为 69 700 千米^2，有 430 万人口。格鲁吉亚拥有相当多样的地貌，生物多样性丰富，森林覆盖率达 40%。格鲁吉亚是独联体国家中最早启动有机农业的国家之一。1994 年，"Elkana"有机农场协会成立。2013—2015 年，结合政策变化，格鲁吉亚通过了《产品安全与质量法》，禁止产品在没有证书的情况下在标签中使用"生物""生态"和"有机"等词汇。2013 年 7 月 30 日，格鲁吉亚政府通过了《关于生物生产》的第 198/2013 号决议。最近，格鲁吉亚政府宣布将发展当地有机产品市场作为优先事项之一。整个 Mtskheta‐Mtianeti 地区都是 IFOAM 成员，并被正式宣布为绿色区域（Ujmajuridze、Barkalaya 和 Tedoradze，2018）。

2. 有机生产

有机认证估算总面积：耕种的有机认证土地面积为 1 452 公顷，另有 215 公顷的野生采集区和 1 507 公顷的其他认证土地，总面积为 3 174 公顷（Willer 和 Lernoud，2019）。

有机认证面积占有机农业用地面积的估算比例：0.1%。

主要种植作物及种植面积：温带水果包括苹果、石榴和柿子，面积为 855 公顷，其他主要作物包括葡萄（130 公顷）、橄榄（70 公顷）、蔬菜（8 公顷）、谷类、豆类和精油植物。野生采集区（黑莓、树莓、坚果和药用植物）占地 215 公顷。其他非农业区占地 1 507 公顷。

有机经营者数量：根据报告，2015 年格鲁吉亚有机经营者总数为 1 075 家。根据 Ujmajuridze、Barkalaya 和 Tedoradze（2018）的报告，格鲁吉亚有 50 多个有机农场，大约 900 个农场联合在 Elkana 协会下。

有机畜牧业：养蜂业在格鲁吉亚占据重要地位，根据报告，2017 年该国有 570 个有机蜂箱。同时还有有机渔业。

食品与非食品有机产品的加工：格鲁吉亚有许多公司参与生产认证的有机

产品、加工（如葡萄酒、水果、油或凉茶），或生产允许用于有机的投入品
（Ujmajuridze、Barkalaya 和 Tedoradze，2018）。

3. 立法、监管和政策框架

有机农业的主要负责部门/机构：格鲁吉亚农业部是主要负责部门。另外
格鲁吉亚在农业科学研究中心设立了一个生物农业生产部门，专门从事生物生
产体系开发和测试本国生产或进口的生物制剂的科学工作，主要针对谷物和蔬
菜作物（Ujmajuridze、Barkalaya 和 Tedoradze，2018）。

有机法律和法规：第一部关于生物农业生产的法律于 2006 年生效。
2014 年，《食品/动物饲料安全、兽医和植物保护法》（2014 年 4 月 17 日格鲁
吉亚第 2285 号法律）颁布。该法律规定了有机产品的标签规则。2013 年 7 月
30 日，格鲁吉亚政府通过了《关于生物生产》的第 198/2013 号决议。最近，
政府宣布发展本地有机产品市场是其优先事项之一（Ujmajuridze、Barkalaya
和 Tedoradze，2018）。

国家自愿性有机标准：在格鲁吉亚和亚美尼亚，有一个联合的区域自愿性
有机标准，由亚美尼亚的 ECOGLOBE 和格鲁吉亚的 CAUCASCERT 认证机
构制定和实施。这个联合认证计划是在 2002—2010 年"南高加索地区生物农
业和生物认证发展"项目的框架内制定的，由瑞士发展与合作机构和瑞士教会
间援助组织支持。Elkana 遵照 IFOAM 标准和欧盟法规，制定并正式注册了一个
有机生产标准，该标准只对 Elkana 的会员农民有约束力。该标准是 Elkana 及
其成员农民的主要工作文件（Elkana，2019）。

国家有机监管体系：农业部负责管理和管控格鲁吉亚的有机农业体系。还
有一个由 20 名专家组成的委员会，他们根据国家的立法制定了生物农业发展
的概念。在农业科学研究中心内设立了生物农业生产部门，该部门负责进行生
产模式开发，并负责测试本地和进口生物制剂。

运作/授权的认证机构（国内或国外）：国家认证机构 CAUCASCERT 已
经获得了欧盟（自 2005 年起）以及瑞士和美国国家有机计划的国际认可
（表 2 - 6）。

表 2 - 6　欧盟授权在格鲁吉亚进行认证管理的机构名单

机构名称（国家）	代码	第一类非加工植物产品	第二类活体动物或非加工动物产品	第三类水产品和海藻	第四类经加工的可食用农产品	第五类经加工的饲料农产品	第六类用于栽培的分株繁育材料和种子
A CERT（希腊）	GE - BIO - 171	×	—	—	×	—	—

（续）

机构名称 （国家）	代码	第一类 非加工 植物产品	第二类 活体动物 或非加工 动物产品	第三类 水产品 和海藻	第四类 经加工的 可食用 农产品	第五类 经加工的 饲用 农产品	第六类 用于栽培的 分株繁育材 料和种子
AGRECO R. F. GÖDERZGmbH （德国）	GE - BIO - 151	×	×	—	×		
bio. inspecta AG （瑞士）	GE - BIO - 161	×	—	—	×		
CCPB SRL （意大利）	GE - BIO - 102	×	—	—	×	×	×
CAUCASCERT （格鲁吉亚）	GE - BIO - 117	×	×	—	×		×
Control Union （荷兰）	GE - BIO - 149	×	×	×	×	×	×
Ecocert SA （法国）	GE - BIO - 154	×			×		
Kiwa BCS （德国）	GE - BIO - 141	×	—	—	×		
ORSER （土耳其）	GE - BIO - 166	×	—	—	×		
Organic Standard （乌克兰）	GE - BIO - 108	×	×	—	×		

资料来源：OFIS，2019。

关于有机农业的国家战略和行动计划：目前还没有专门针对有机农业的国家战略和行动计划。

支持有机农业的政策措施：政府采取了促进有机农业的政策，既为了当地市场，也为了出口市场。

4. 有机农业营销

国内市场：格鲁吉亚国内市场仍然有限。

进口市场：进口量不大。2016 年，在第比利斯开设了第一个有机农业市场，即"Agrohub"市场。该市场在提供进口有机产品的同时也提供本地生产的产品。

出口市场：近年来，格鲁吉亚采取了很多措施以鼓励出口，并且发展当地生产从而替代进口。2014 年，格鲁吉亚与欧盟签署了《联系协定》。该协议引入了优惠贸易制度，深入全面自由贸易区（DCFTA），并通过进一步向格鲁吉亚农产品开放欧盟市场来提供更多经济机会。

国家级数据收集系统：没有关于有机农业的官方数据统计。

5. 关于有机农业机构和相关国际组织

支持有机农业的主要国家机构：农业部是格鲁吉亚有机农业领域最重要的政府机构，它在生物农业生产部门和其他部门的支持下开展活动。该部门与其他相关部门合作，已经开始从事有机渔业，包括鱼饲料生产。

参与有机生产的农民团体/组织：有机农场协会 Elkana 成立于 1994 年。其主要目标是为了促进传统农村人口积极参与国家的发展，提倡环境保护道德和专业精神。Elkana 和 CAUCASCERT 是两个主要的非政府组织。

支持有机农业发展的国际组织和捐助项目：格鲁吉亚第一个关于有机农业的重要项目是由瑞士支持的，该项目为 2005 年建立认证机构 CAUCASCERT 和准备有机立法铺平了道路。从 2004 年到 2009 年，Elkana 实施了由全球环境基金和联合国开发计划署资助的"格鲁吉亚农业生物多样性的保护和可持续利用"项目。由瑞士发展和合作署支持的 2017—2021 年"南高加索地区因有竞争力的农产品而获得更高的收入"项目，重点是加强小农户畜牧业发展，使小农户能够打破自给自足的生产关系，为市场生产产品。2017—2023 年"加强南高加索地区的气候适应能力"项目也得到了瑞士的支持，该项目旨在促进多灾害绘图和风险评估方法的发展，促进更安全的生计和基础设施，并促进南高加索地区气候适应、自然灾害和山区发展方面的循证决策和宣传。

"绿色经济：可持续山区旅游与有机农业（GRETA）"项目于 2018 年 12 月启动。该项目由欧盟、瑞典和奥地利联合开展，以开发格鲁吉亚的上斯瓦涅季、拉恰-列其呼米和下斯瓦涅季以及伊梅列季地区（GRETA 项目，2019）。

6. 机遇与挑战

开展或扩大有机农业规模的主要障碍：资金、技术知识和资源是格鲁吉亚有机农业发展的主要限制，尤其是阻碍了小农户有机农业的进一步发展。补贴计划不足以支持向有机农业的转化。需要不断修订国家法规，与国际标准接轨。GRETA 项目报告了山区的许多具体挑战，包括农民对现代农业技术服务和当地咨询服务的了解不足；有机农田（过渡期）零散、未登记的农田多；老年人口多；年轻人逃离村庄；旅游收入较多，农业收入较少；病虫害管理面临挑战（如出现在山区的褐肉臭虫及栗子病）；冬季漫长而农业期短（在山区）；农用机械的可用性（在山区）低；合作社不可持续；缺乏溢价奖励（认证产品）；作物品种传统且利润空间小；缺乏有商业头脑的农民；气候变化导致的人、植物和自然界的异常疾病频发及空气污染。

开展或扩大有机农业规模的主要机会：格鲁吉亚是一个拥有丰富的农业和自然生物多样性的国家，有着悠久的农业和加工传统。为自给自足的小规模农场提供支持可以促进它们向有机农业转化。必须深入评估市场需求和进入国内和出口市场的机会，以便进行生产规划。在格鲁吉亚，按照国际标准认证的高质量产品可以简化进入国际市场的程序。GRETA项目提到了格鲁吉亚的以下优势，这些优势可能有助于促进有机农业的发展：格鲁吉亚有当地的认证机构；许多在低投入或无投入体系下经营的农场更容易转换为有机农业；对农场外投入的依赖性低；山区多（对有机生产来说有良好的农业条件和较少的环境污染）；团体认证的可能性高；有机废物的可用性高；诸如堆肥等有机投入品的生产潜力高；格鲁吉亚有涉及高山地区发展的法律；政府有支持有机耕作和支持野生植物多样性的新规划。

从过去的有机农业项目中吸取的主要经验教训：需要建立国家层面的专门机构来负责发展有机农业价值链。

未来发展的关键战略和行动：未来发展的关键行动包括提高公众对有机农业价值的认识，实施政策变革以确保有机农业满足快速增长的消费者需求，开展研究以实现必要的技术进步，以及制定有机产品生产和加工的补贴计划。

7. 访问以下网站可获取更多信息

http：//www. elkana. org. ge/：Elkana Biological Farming Association，Akhaltsikhe，Georgia

http：//www. moa. gov. ge/：Ministry of Agriculture

http：//caucascert. ge/：Certification body

https：//eeas. europa. eu/：GRETA project

哈萨克斯坦

1. 有机农业发展背景

哈萨克斯坦的有机农业大约始于 2010 年，标志事件是当年在阿斯塔纳举办的中亚有机农业国际会议。2013 年，总统下达政令，要求哈萨克斯坦在 2013—2020 年期间向"绿色经济"过渡，这一命令为环境绿色生产的发展提供了机会。之后该国起草了《生态生产及其实施的制度规范》法律，2015 年底，议会颁布了《有机生产法》，随后得到了总统的批准。

随着科斯塔奈的农民对有机农业兴趣的上升，哈萨克斯坦有机农业协会决定启动一个示范项目，在全国推广有机农业。该项目最初涉及 6 个农民，每个农民的耕地面积为 200 公顷。现在认证为完全有机的土地面积已经达到 14 050 公顷。有机管理的面积和国内市场正在迅速增加，有机产业涵盖园艺种植（露天和温室种植）和牛类养殖等方面，均按照有机标准生产并出口产品。然而，哈萨克斯坦仍需努力完善有机领域的立法框架和实施，使其与国际法规和市场接轨。

2. 有机生产

有机认证估算总面积：2017 年，共有 278 008 公顷的有机认证土地，其中 277 145 公顷为耕地，863 公顷为野生采集地（Willer 和 Lernoud，2019）。

有机认证面积占有机农业用地的估算比例：0.1%。

主要种植作物和种植面积：谷物（65 347 公顷）、干豆类（32 726 公顷）和油籽（42 726 公顷）是主要作物。根据 Grigoruk 和 Klimov（2016）的报告，软小麦、大豆、豆饼、亚麻、小米、豌豆、油菜籽和药草是哈萨克斯坦出口的主要有机产品。有机谷物和豆类主要在阿克莫拉州、阿克托别州、阿拉木图州和科斯塔奈州生产。干果和坚果最近在奇姆肯特周围作为有机产品生产。

经认证的野生收获面积：共有 863 公顷土地用于药用和芳香植物。

有机经营者数量：根据报告，哈萨克斯坦有 61 家生产商、67 家加工商和 7 家进口商。

有机畜牧业：数据暂无。

食品与非食品有机产品的加工：有许多加工商登记为按照有机规则进行加工，但没有详细资料。

3. 立法、监管和政策框架

有机农业的主要负责部门/机构：哈萨克斯坦农业部和投资与发展部是主要负责部门。

有机法律法规：哈萨克斯坦的有机农业协会与农业部、粮农组织和非政府组织合作，起草了一部关于有机农业的法律，以期促进政府对有机肥料、有机耕作和有机认证进行补贴的政策。《有机农业法》于 2015 年 11 月 27 日签署，包括 4 章 18 条，为有机生产的监管奠定了基础。该法律的内容包括：有机生产法律监管的原则、目标和目的，相关政府机构和地方当局之间的责任分配，公共支持和激励措施，有机生产的主要条件和程序即包括有机生产者的责任、过渡到有机生产的条件，确认符合性和检查控制，保持生产者登记，有机产品的强制性标签要求，以及政府控制、责任和解决争端的程序。支持法律实施的二级立法包括：2015 年 12 月 18 日农业部长令批准的《有机生产者注册条例》第 1-3/1102 号；2016 年 5 月 23 日农业部长令批准的《有机生产条例》第 230 号，以及 2016 年 5 月 23 日农业部长令批准的《投入品许可清单》第 231 号。

2018 年 5 月 1 日，以下标准在哈萨克斯坦生效。

- ST RK 3109—2017《有机产品》关于有机产品的国家合格标志以及有机产品的技术要求和标签顺序。本标准规定了有机产品国家合格标志的技术要求，以及有机产品标签的程序。
- ST RK 3110—2017《符合性评估》关于实体确认有机产品的生产和有机产品本身的符合性的要求。
- ST RK 3111—2017《有机产品》关于生产过程的要求。该标准规定了植物和动物源性有机产品的生产要求以及有机产品的加工、包装、储存和运输要求（Zhazykbayeva, 2019）。

国家自愿性有机标准：既没有自愿性的国家有机标准，也没有标识。

国家有机监管体系：有相关法律，但没有建立国家有机管控体系。

主管部门和参与该体系的其他政府机构：自 2015 年 2 月以来，哈萨克斯坦农业部一直是有机农业的主管部门，另外，投资与发展部也负责有机农业的发展。

运作/授权的认证机构（国内或国外）：哈萨克斯坦国家立法中没有涵盖有机产品检查和认证的法规和国家认证体系，因此认证机构根据进口国的法规和授权运作（表 2-7）。

表 2－7 欧盟授权在哈萨克斯坦进行认证管理的机构名单

机构名称 （国家）	代码	第一类 非加工 植物产品	第二类 活体动物 或非加工 动物产品	第三类 水产品 和海藻	第四类 经加工的 可食用 农产品	第五类 经加工的 饲用 农产品	第六类 用于栽培的 分株繁育材 料和种子
bio. inspecta AG （瑞士）	KZ－BIO－161	×	—	—	×	—	—
A CERT （希腊）	KZ－BIO－171	×	—	—	×	—	—
Agreco R. F. GÖderz GmbH （德国）	KZ－BIO－151	×	×	—	×	—	—
Albinspekt （阿尔巴尼亚）	KZ－BIO－139	—	×	—	—	—	—
Bioagricert SRL （意大利）	KZ－BIO－132	×	—	—	×	×	—
CCPB SRL （意大利）	KZ－BIO－102	×	—	—	—	—	—
CERES （德国）	KZ－BIO－140	×	—	—	—	—	—
Ecocert SA （法国）	KZ－BIO－154	×	—	—	×	—	—
ECO GLOBE （亚美尼亚）	KZ－BIO－112	×	—	—	—	—	—
Ekoagros （立陶宛）	KZ－BIO－170	×	—	—	—	—	×
ICEA （意大利）	KZ－BIO－115	×	—	—	—	—	—
Kiwa BCS （德国）	KZ－BIO－141	×	—	—	—	—	—
LACON GmbH （德国）	KZ－BIO－134	×	—	—	—	—	—
Letis SA （阿根廷）	KZ－BIO－135	×	—	—	×	—	—
ORSER （土耳其）	KZ－BIO－166	×	—	—	—	—	—
Organic Standard （乌克兰）	TJ－BIO－108	×	×	—	×	×	—

资料来源：OFIS，2019。

哈萨克斯坦无国家认证机构。

关于有机农业的国家战略和行动计划：哈萨克斯坦没有关于有机农业的国家战略和行动计划。虽然有一份文件草案（Grigoruk 和 Klimov, 2016），但没有继续推进。

支持有机农业的政策措施：2012 年 12 月 15 日颁布的《哈萨克斯坦 2050 年国家战略》在农工综合体的战略目标中，确定了创建具有环境可持续性的国家竞争品牌，并提出要在全球环境友好型产品市场中发挥作用。

哈萨克斯坦总统 2013 年 5 月 30 日的法令所通过的向绿色经济过渡的概念，旨在通过谨慎、合理利用自然资源来实现高质量的生活。这一法令认为农业部门应该是可持续的，并要求采取措施恢复土地肥力，创造新的就业机会，并提供稳定的独立于粮食进口的机会。

哈萨克斯坦总统 2017 年 2 月 14 日第 420 号令批准的《2017—2021 年国家农工综合体发展计划》在农业发展和改善出口政策的主要方向中提到了有机农业生产。由于该体系没有发挥作用，所以没有对有机产品的补贴。

4. 有机农业营销

国内市场：哈萨克斯坦的有机市场仍处于发展的早期阶段。主要的有机产品包括食品、个人护理产品、儿童用品和化妆品。自 2012 年以来，在阿拉木图和阿斯塔纳有大约 20 家有机商店，这些商店中有"健康产品"售卖，所有进口产品的卖家都有网店和送货上门服务。目前，网上购物是有机产品销售的最常见渠道，社交网络（如 Facebook 和 VKontakte）可以提供直销服务，没有中间商赚差价。只有少数生产商自己生产有机产品，其他一些生产商则收购农民的产品进行销售。消费者的意识相当低。需求领先的 3 种有机产品是蔬菜和水果（36%）、肉类和鱼类产品（25%），以及乳制品（22%）。根据调查，有机产品的主要消费者是那些高收入人群和有 7 岁以下儿童的家庭。国内市场上有不同的有机标签，造成了消费者的困惑，还有传统产品使用"有机"或"生物"标签（包括"有机"热狗、"有机"甜甜圈等产品），或"无化学品""非转基因""无防腐剂"和"无激素"等标签。后一种类型的标签在哈萨克斯坦市场上广泛流行，但对有机生产商的冲击相对较小（相对于伪有机产品而言）。

进口市场：哈萨克斯坦主要进口保质期长的产品。有关坚果、谷类、咖啡、巧克力、干燥的半成品食品、饮料、糖浆和其他产品的介绍较多，但进口的有机产品总量不到 0.1%。这些产品主要从欧盟和美国进口。

出口市场：没有关于出口的官方统计数据。根据出口公司的数据，按照国际标准认证的哈萨克斯坦有机产品流向俄罗斯联邦、乌克兰、德国、波兰、荷兰、土耳其和意大利。欧盟委员会的贸易控制和专家体系（TRACES）报告说，2018 年从哈萨克斯坦进口了 50 250 吨有机认证产品，但没有给出任何产品的分类。

国家级数据收集系统：哈萨克斯坦无官方的有机农业数据统计体系。

5. 国家有机农业机构和相关国际组织

支持有机农业的主要国家机构：哈萨克斯坦农业部负责制定战略和实施计划。投资与发展部主要负责制定技术法规，尤其是制定和采用有机农业标准。

其他参与的政府和民间社会组织如下：

- 哈萨克斯坦农工综合体经济和农业地区发展研究所
- 哈萨克斯坦消费者权益保护委员会
- 哈萨克斯坦有机农业运动联合会"KazFOAM"
- 绿色经济和发展"G - Global"联盟
- 有机农业协会公共联盟
- 国际环境学院非营利性组织
- 有机哈萨克斯坦和 ECO 标准公共基金
- 哈萨克-德国农业和政治对话

参与有机生产的农民团体/组织：Kostanay 地区有一个农民协会。

支持有机农业发展的国际组织和捐助项目：粮农组织和哈萨克斯坦-德国农业政治对话组织开展了有机农业项目。粮农组织的技术合作计划项目侧重于机构和立法发展，另一个项目主要侧重于能力建设。

6. 机遇与挑战

开展或扩大有机农业规模的主要障碍：在哈萨克斯坦，有机生产的立法框架推迟了法律的实施。国家对有机产品和对生产、加工以及销售问题的研究没有任何支持，财政资源供应不足是一大障碍。带有 ECO 标志的产品的认证和标签混乱，造成了消费者的疑惑。国际生态学院（IAE）这一组织成立于 2004年，旨在解决与生态学有关的科学和应用问题。目前，IAE 为其合作伙伴提供"生态""生物""有机"和"非转基因"商标。该机构有一个关于"生态清洁产品"标准化的技术委员会，根据已制定和注册的标准 CT PK 1618—2007授予上述商标。这个标准是阻碍有机农业发展的真正障碍。知识的缺乏和投入品的可用性是需要所有利益相关者努力的重大问题。此外，该地区没有按照国际标准认证的实验室（用于研究杀虫剂、转基因生物等），这也带来了发展瓶颈。

开展或扩大有机农业规模的主要机会：哈萨克斯坦有广阔的农业用地以及良好多样的气候和农业条件，这是其基本优势。哈萨克斯坦的普遍条件使有机产品的生产成为可能，并且有足够的社会经济潜力在全国范围内发展有机市场。由于能源成本低，国内有机产品市场竞争小，加之媒体兴趣增加，有机生产方法的知识迅速传播。国际市场特别是中国和俄罗斯联邦对有机产品的需求持续上涨，为哈萨克斯坦的有机农业发展创造了额外的机会。

从过去的有机农业项目中吸取的主要经验教训：鉴于有机领域的多学科性质，有必要在利益相关者之间建立互动机制。必须有一个永久性的体制结构来执行在有机市场发展领域的国家政策，并对有关各方和市场的需求做出迅速反应。

未来发展的关键战略和行动：有机生产是哈萨克斯坦的一个发展重点，强调有效利用水、土地和生物多样性，这是其"绿色经济"倡议的一部分。哈萨克斯坦政府2013年2月18日第151号决议批准的2013—2020年农工综合体发展的农业综合企业方案也倾向于发展有机农业。哈萨克斯坦农业部和农工综合体经济研究所等公共机构正在合作，通过相关立法对产品进行检查和认证。

7. 访问以下网站可获取更多信息

https：//moa. gov. kz/：Ministry of Agriculture
http：//kazfoam. kz/：Kazakh Association of Organic Farming
http：//organic‑ca. org/：Organic Agriculture in Central Asia

吉尔吉斯斯坦

1. 有机农业发展背景

　　农业是吉尔吉斯斯坦农村经济的支柱，占国内生产总值的20％，劳动力占有比例为40％。吉尔吉斯斯坦的粮食产业主要围绕横穿该国的天山山脉。由于降水不足，大多数农作物生产都需要灌溉。2003年，吉尔吉斯斯坦依托有机棉花生产和贸易促进项目，在Helvetas和其他组织的早期经验以及欧洲贸易促进工作的基础上，开始了有机化运动。2007年，一个名为Bio Service的服务生产者组织成立了。2012年，吉尔吉斯斯坦政府将绿色经济作为可持续发展的一个战略方向。有机农业成为该国农业战略的主导方向之一，从而确保食品安全，保护环境。同时吉尔吉斯斯坦为所有有机化举措提供了有利的法律框架。

　　2012年，各行为体（生产者团体、贸易商、支持机构和政府）联合成立了一个涵盖所有利益相关方的协会即有机发展联盟Bio-KG。该协会在2012年第一届全国有机运动论坛期间正式启动，成为全国性的伞式组织。2013年1月，根据国家可持续发展委员会的决定，吉尔吉斯斯坦总统颁布了一项法令，批准了"吉尔吉斯斯坦2013—2017年可持续发展国家战略"。在这个国家战略的基础上，收集多方意见，起草了《吉尔吉斯斯坦2012—2025年有机国家行动计划》，也被称为KONAP，作为发展有机农业的路线图。KONAP经过修订提交，但没有被采纳。同样，虽然"有机生产"法律草案已经准备好并提交给议会，但没有进一步进展。2014年初，参与有机化的国家区域网络发起了IFOAM欧亚区域集团，该集团联合了所有独联体和中亚国家。尽管吉尔吉斯斯坦缺乏立法和制度框架，但通过增加出口机会以及生产者和私营部门的合作，该国的有机农业持续发展。外国第三方认证的高成本给小农户带来的财政限制，促使他们以合作社的形式聚集在一起，并开始应用参与式保障体系，这是以所在地为中心的质量保障体系。吉尔吉斯斯坦是第一个禁止使用转基因种子和投入品的国家。有机农业非常适用于农场规模普遍较小、劳动力便宜、资金短缺的国家。因此，由于意识到有机体系带来的好处，吉尔吉斯斯坦议会在2018年12月宣布了一项计划，即到2028年逐步淘汰所有非有机农业，转为

100%的有机农业（Sagynalieva，2018；mambetov，2018）。

2. 有机生产

有机认证估算总面积：据 Willer 和 Lernoud（2019）的报告，吉尔吉斯斯坦的有机认证面积为 19 327 公顷。

有机认证面积占有机农业用地的估算比例：0.2%。

主要种植作物和种植面积：吉尔吉斯斯坦的有机管理土地由棉花种植（7 920 公顷）、温带水果（2 308 公顷）、谷物（716 公顷）、豆类（406 公顷）、蔬菜（49 公顷）和油籽（5 公顷）组成。吉尔吉斯斯坦是全球有机棉供应国之一，2017 年的年产量为 8 019 吨，占世界供应量的 6.8%。超过 2/3（66.8%）的全国棉花生产通过有机认证。2017 年用于有机棉种植的总面积为 7 920 公顷（6 929 公顷为完全有机，991 公顷处于过渡期），由 1 009 个农民种植。根据报告，贾拉拉巴德是主要生产地区。Willer 和 Lernoud（2019）报告称，吉尔吉斯斯坦有 1 097 个有机生产商、11 个加工商和 3 个出口商。在 Bio-KG 的领导下，有 822 个农场处于参与式保障体系之下。

经认证的野生收获面积：根据报告，吉尔吉斯斯坦有 10 公顷玫瑰果野生采集区。此外，吉尔吉斯斯坦还出口有机辣椒。

有机畜牧业：无官方数据。

3. 立法、监管和政策框架

有机农业的主要负责部门/机构：吉尔吉斯斯坦农业、食品工业和土壤改良部是主要负责部门。2017 年 8 月 2 日的第 459 号政府令批准了 2017—2022 年吉尔吉斯斯坦有机农业生产的发展构想。

有机法律法规：《有机农业生产法》（以下简称法律）于 2019 年 5 月 28 日通过，并从 2019 年 11 月 21 日起生效（从 2019 年 5 月 21 日正式公布起，6 个月生效）。该法律包含 14 条内容，概述了有机农业生产的基本规则和原则。该法律预计将通过更详细的规则，包括：有机生产和加工（有机标准），认证活动的程序，标签，转换条款，进出口问题，保持有机生产者登记的程序（Zhazykbayeva，2019）。

吉尔吉斯斯坦农业部下设了专门负责有机农业的部门和机构，该国农业生物中心也将被改组进入有机农业部。作为欧亚关税同盟的成员，吉尔吉斯斯坦加入了国家间标准 GOST 33980—2016（"有机生产：生产条例、加工、标签和实施"），该标准于 2016 年 10 月 25 日由国家间标准化、计量和认证委员会通过。该洲际标准预计将在 2020 年执行，届时也将影响吉尔吉斯斯坦的立法框架。另外，粮农组织正在实施一项由韩国国际协力团（KOICA）资助的新项目，以加强吉尔吉斯斯坦有机农业的法律和体制框架。

国家自愿性有机标准：吉尔吉斯斯坦无国家自愿性有机标准。

国家有机监管体系：无涉及国家有机体系的立法。

运作/授权的认证机构（国内或国外）：暂未出台有关有机农业的立法。因此，有机认证是由外国认证机构根据进口国的参考立法授权进行的（表2-8）。

表2-8　欧盟授权在吉尔吉斯斯坦进行认证管理的机构名单

机构名称 （国家）	代码	第一类 非加工 植物产品	第二类 活体动物 或非加工 动物产品	第三类 水产品 和海藻	第四类 经加工的 可食用 农产品	第五类 经加工的 饲用 农产品	第六类 用于栽培的 分株繁育材 料和种子
Agreco R. F. GÖderzGmbH （德国）	KG - BIO - 151	×	×	—	×	—	—
bio. inspecta AG （瑞士）	KG - BIO - 161	×	×	—	×	—	—
CCPB SRL （意大利）	KG - BIO - 102	×	×	—	×	×	—
CERES （德国）	KG - BIO - 140	×	—	—	×	—	—
Control Union （荷兰）	KG - BIO - 149	×	×	—	×	×	×
Ecocert SA （法国）	KG - BIO - 154	×	×	—	×	×	×
ECOGLOBE （亚美尼亚）	KG - BIO - 112	×	×	—	—	—	—
Kiwa BCS （德国）	KG - BIO - 141	×	×	—	×	—	—
Letis SA （阿根廷）	KG - BIO - 135	×	—	—	—	—	—
ORSER （土耳其）	KG - BIO - 166	×	—	—	×	—	—
Organic Standard （乌克兰）	KG - BIO - 108	×	—	—	×	—	—

资料来源：OFIS，2019。

在吉尔吉斯斯坦，暂无被认可的国家认证机构，目前有机认证由外国认证机构进行。

关于有机农业的国家战略和行动计划：2017年8月2日吉尔吉斯斯坦政

府第 459 号决议通过了 2017—2022 年吉尔吉斯斯坦有机农业生产发展构想。其目的是通过完善法规和采取其他有助于经济的农业领域可持续发展措施，为有机农业的发展创造有利条件，提高有机产品的竞争力。有机计划由议会的农业政策、水资源、生态和区域发展委员会进行管控。

支持有机农业的政策措施：禁止转基因生物（GMOs），限制化学品使用，无有机生产补贴。

4. 有机农业营销

国内市场：吉尔吉斯斯坦国内没有有机产品市场，偶尔能购买到从其他国家进口的有机产品。

进口市场：没有专门为有机市场进口的有机产品或原材料，超市中偶尔能购买到一些有机产品。

出口市场：吉尔吉斯斯坦是全球有机棉出口国。2017 年，又新增 991 公顷有机棉种植土地，这表明未来几年将进一步增长。土耳其极大地推动了这一趋势，有机棉大量出口到土耳其，在轧制后进行加工。土耳其有关有机棉的进口统计资料显示，自 2008 年以来，吉尔吉斯斯坦就开始向土耳其出口有机棉。Bio Service 生产的有机公平贸易棉花主要流向东欧的工厂。土耳其从吉尔吉斯斯坦进口的有机认证食品还包括豆类、苹果干、辣椒、大米、开心果和其他干果。根据供求关系以及全球市场价格，进口量会有所波动。欧盟报告称，2018 年从吉尔吉斯斯坦进口了 49 吨有机产品。

国家层面的数据收集系统：目前暂无官方的数据统计体系，也没有关于吉尔吉斯斯坦的有机生产的官方数据。

5. 国家有机农业机构和相关国际组织

支持有机农业的主要国家机构：农业、食品工业和土壤改良部是有机农业主管部门。同时经济部、吉尔吉斯-土耳其马纳斯大学的农学院和国家研究机构都在从事有机农业的工作。活跃的非政府组织有：
- Bio - KG：有机发展联合会 Bio - KG 成立于 2012 年，旨在支持有机化运动。
- Bio Service：Bio Service 是一家成立于 2007 年的服务提供商，具体提供培训/咨询和内部管理体系方面的服务，并促进外部认证和营销。Bio Service 积极促进吉尔吉斯斯坦的有机农业发展。
- AgroLead 集团公司：该集团公司整合了 PA AgroLead、AgroLead Plus 合作社和 FairMatch Support Central Asia。

参与有机生产的农民团体/组织：Bio - KG 是一个非政府组织，通过建立有机农村政府（aimaks）和引入参与性担保体系来促进有机农业的发展。其成员是支持有机农业理念的农民和炼油厂家，并在国家层面大力倡导有机农业的发展。

生物农民农业商品和服务合作社成立于 2007 年。该合作社有 1 394 名成员，成员拥有的总耕作面积为 2 950 公顷。在这些农民中，耕作面积小于 2 公顷的占 98%，其中 19.12% 是妇女。Bio Farmer 拥有欧盟和国际公平贸易组织（Fairtrade International）授权的认证机构颁发的有机证书。主要产品是有机棉，主要市场是德国。

Vega Plus LLC 和 Kyrgyz Tokoy Baylygy 服务合作社于 2014 年启动。这两个组织持有欧盟的有机证书和国际公平贸易证书。主要产品是核桃仁，主要市场是荷兰。

AgroLead 集团公司将 PA AgroLead、AgroLead Plus 合作社和 FairMatch Support Central Asia 联合起来。每个公司都开展培训和咨询活动，为合作社提供种子和产品，并建立全球价值链。AgroLead 作为一个集团，其活动范围覆盖有机农业的整个生产周期。

支持有机农业发展的国际组织和捐助项目：山区农业生态体系营养项目。该项目正在吉尔吉斯斯坦以及亚洲、非洲和南美洲的其他几个国家实施，由瑞士发展和合作署（SDC）资助。项目旨在推广有前景的可持续农业做法，以促进和提高山区的营养情况和韧性，增强多样性。

WAPRO 项目。该项目由瑞士发展和合作署资助，重点是将水稻和棉花产业的价值链与水管理相结合。

美国国际开发署的农业地平线项目（2014—2019 年），该项目由 ACDI/VOCA 实施。该组织是位于美国华盛顿特区的经济发展组织。项目地区包括奥什、贾拉拉巴德、巴特肯和纳伦。该项目旨在与私营企业和农民合作，提高农业部门的竞争力。

通过吉尔吉斯斯坦南部核桃林和牧场的社区管理实现生物多样性保护和减贫项目（2014—2018 年）。该项目由德国联邦经济合作与发展部（BMZ）委托开展。

能力建设和支持有机农业领域政策的实施（2019—2023 年）项目。该项目的捐助方和执行机构是韩国国际合作署。粮农组织正在实施该项目的第一部分，即法律和机构支持。

6. 机遇与挑战

开展或扩大有机农业规模的主要障碍：农业用地的滥用和不良使用导致了土地退化。此外，水管理不足仍然阻碍生产。在有机农业和有机体系的管理方面仍然没有合法的法律框架。缺乏数据统计体系。缺乏支持，也没有认可认证机构的国家体系。农村家庭在自家土地上进行自给自足的小农生产,主要依靠自己进行食物供应。他们对有机农业缺乏明确的认识,生产量也很小。加工和增值的水平还很低,几乎所有的产品都是不经加工处理直接出售。随着耕作面积的增加,有机市场开始对轮作作物产生需求。有机产品主要用来出口。居民的购买能力低,因此不愿意支付更多的钱购买有机产品,这阻碍了国内有机市场的发展。

开展或扩大有机农业规模的主要机会:有适应土壤和气候条件的多样化植物产品,丰富的生物多样性,以及低投入的生产方式,这些为进一步发展有机农业创造了机会。野生产品(核桃、草药、浆果及其加工产品)的出口市场和脆弱森林生态体系的可持续利用前景良好。

吉尔吉斯斯坦禁止转基因生物,为有机棉产业的发展创造了机遇,因为许多其他有机棉生产者(如印度)存在交叉污染的情况。有机棉产量目前约占全国棉花总产量的66.8%,为其他作物应用和启动有机农业的模式树立了榜样。基础设施逐步改善,并且该国有控制中心毒理学实验室(经 ISO 17025 认证)和国家科学院(NAS)实验室(用于转基因生物分析)。

从过去的有机农业项目中吸取的主要经验教训:开展的活动必须符合或得到政府的政策支持。活动和决策必须按计划及时进行。

未来发展的关键战略和行动:政府已经做出了到 2028 年实现 100% 有机的重要决定,因此必须及时跟进所制定的战略。完成有关有机农业的立法框架和建立国家体系是亟待解决的基本问题,具体包括:登记制度,认证机构的授权和监督,对国内、进口和出口市场的监督,以及提高对有机农业的认识。

7. 访问以下网站可获取更多信息

http：//www. agroprod. kg/

http：//www. biokg. org/

http：//www. bioservice. kg/

http：//agrolead. org/

https：//directory. ifoam. bio/affiliates/

http：//organic‐ca. org/：Organic Agriculture in Central Asia

黑　山

1. 有机农业发展背景

农业是黑山最重要的产业之一，是社会某些领域重要的就业和收入来源，特别是在北部山区。虽然黑山农业以小规模的家庭农场为主，但可用的平均农业土地面积为 6.3 公顷。黑山有机农业发展可以分为两个阶段：2001—2004年，2004 年至今。第一阶段的特点是开展活动，主要目标是向生产商和消费者宣传有机农业、开发市场、开展教育，并确定有机农业面临的问题。第二阶段的特点是准备立法框架，起草法律和规章制度等，开展当地农业专家教育，以及建立 Monteorganica 认证机构。

黑山有机农业监管的第一个里程碑是在 2004—2005 年，当时通过了第一部关于有机农业的法律：第 01 - 1006/2 号法律，其相应的次级法律也被采纳。同时，黑山为有机农业提供了财政支持，将其纳入国家农业预算的一部分。2005 年底，国家管控和认证机构 Monteorganica 成立，由农业和农村发展部（MARD）授权并资助。2006 年，Monteorganica 在黑山颁发了第一个有机证书。

黑山政府和农业发展部与世界银行达成了一项名为"黑山-机构发展和农业加强"（MIDAS 项目，2009—2014 年）的贷款，该项目带来了农业预算的增长和对有机农业的补贴。2009 年，农业部宣布了第一个国家有机农业发展计划。2011 年，全国有机生产者协会成立，该协会是第一个有关有机农业的农民倡议。在随后的几年里，在国家协会的支持下，许多较小的地方有机生产者协会成立，并与国家协会密切合作。2012 年和 2013 年，丹麦国际开发署（Danida）为黑山的有机农业发展提供了一笔拨款。第一个国家有机农业行动计划（2012—2017 年）于 2012 年通过。2013 年，一部与欧盟法规（欧盟834/2007 和 889/2008）相协调的关于有机农业的新法律获得批准。2014—2017 年，黑山通过了一项二级立法，以寻求与第 889/2008 号条例（EC）完全统一。2016 年，黑山第一个有机集市开市，一周一集，将农民与消费者联系起来，并促进有机农业的发展。在欧盟成员国候选资格的推动下，黑山为符合欧盟现行法律开展相关立法工作，其中就包括对有机农业和质量政策立法的修正（Mirecki，2019；Rakocevic，2019）。

2. 有机生产

有机认证估算总面积（完全有机的和过渡期的）：2016—2017年，有机认证的农业面积略有减少。2016年，有3 470公顷土地完全有机，420公顷土地处于过渡期，总面积为3 890公顷。2017年，这组数字为2 797公顷完全有机，1 035公顷处于转换期，共计3 832公顷。

有机认证面积占有机农业用地的估算比例：根据报告，由于有机土地面积的减少，2016年经认证的有机管理土地面积比例为1.12%，2017年比例为1.09%。

主要种植作物和种植面积：在黑山，永久草地是最主要的土地利用类型，总计1 992公顷，其次是423公顷的永久作物和300公顷的耕地作物。在耕地作物中，谷物排名第一，面积为235公顷，其次是苜蓿草混合物，为128公顷。在永久性作物中，混合水果种植园（通常在同一地区结合种植苹果、梨和李子）以251公顷居首，其次是李子（79公顷）、苹果（32公顷）、橄榄（4公顷）和葡萄（1公顷）。

经认证的野生收获面积：有机森林和野生采集仍然是最主要的生产领域，总面积超过143 000公顷。

有机经营者数量：有机经营者的总数从2016年的280增加到2017年的308。除了3个加工商，其他都是有机生产者。另有报道称，2017年的经营者总数为616（Willer和Lernoud，2019），可能还包括其他监管体系认证的经营者。

有机畜牧业：有机绵羊是黑山的主要有机牲畜类别，2017年有1 194只。其次是有机家禽，有390只。有机山羊的数量是265只。有机牛类也值得一提，共有218头。按用途划分，所有的有机绵羊都是肉羊，而山羊则是为了产奶。于牛类而言，主要的饲养用途是为了产肉（200头），而奶牛数量相对较少（18头）。养蜂业是有机畜牧业中最主要的产业。2017年，有机蜂箱总数达到2 375个。

食品与非食品有机产品的加工：根据报告，黑山有3家有机加工商（Willer和Lernoud，2019）。然而，许多有机农场都有农场内的加工/包装设施，如制作奶酪、分类和包装水果、制作果酱等。

北马其顿

1. 有机农业发展背景

1997 年，北马其顿首次尝试有机农业生产，阿卡罗德制药公司使用有机方式采集药用植物（椴树和洋甘菊）来生产花草茶。此后不久，该公司停止了所有的有机生产活动，直到 2007 年才部分重启。有机农业在农民自发组织的民间团体中得到了发展。2000 年，北马其顿起草了《有机农业法》，并于 2002年为有机农业协会和国家有机农业联盟组织了一次研讨会。2002—2005 年，"促进巴尔干地区有机农业发展"系列研讨会推动了巴尔干国家之间的有机农业区域合作。

2003 年，地方协会加入了国家有机农业联合会（Biomak，总部设在卡瓦达奇）。这一时期的项目促进了柿子生产商的转型，2004 年，13 位农民获得了第一批有机证书。同年，北马其顿通过和实施了第一部有机农业法。2005 年 3月，第二部法律文件《有机农业支持发展规划》得以通过。2006 年，有机农民在斯科普里成立了新的有机产品生产者协会（BIOSAN）。2007 年，北马其顿批准了首个有机农业领域的国家战略，时间为 2008—2011 年。2008 年，马其顿有机生产者联合会成立，目的是统一协调地方生产者协会。2009 年，新的法律被通过，随后经过修订，与欧盟法规（EU834/2007 和 889/2008）保持一致。2009 年，北马其顿首个有机认证机构 Procert 开始运营。为保证行业的可持续发展，2013 年，北马其顿通过《国家有机农业规划》，时间为 2013—2020 年。2016—2018 年，北马其顿开展了一系列有机农业推广活动，目的是加大宣传教育，提高公众对有机农业的认识。目前，北马其顿仍在持续完善相关立法工作，以便与欧盟新规草案保持一致。

2. 有机生产

现有数据主要来自认证机构，北马其顿有一个国家数据收集和登记系统，但数据信息不完整。

有机认证估算总面积（完全有机化和处于转型的面积）：2016—2017 年，北马其顿有机农业种植面积从 3 240 公顷（另有 1 167 公顷处于转型）减少到 2 900 公顷（另有 1 226 公顷处于转型中）（Gjorgijevski，2019）。北马其顿面积最大的有机土地是森林和野生地，2016 年，森林和野生地面积约为 56 万公顷，2017 年为 119.7 万公顷，其中，绝大部分土地（111.32 万公顷）用于采集药用和芳香植物，5.099 万公顷土地没有详细资料（Willer 和 Lernoud，2019）。

有机认证面积占有机农业用地的估算比例：2017 年为 2.9%，低于 2016 年的 3.0%。

主要种植作物及种植面积：北马其顿种植面积最大的有机农作物是谷物（小麦、大麦和燕麦），种植面积为 940 公顷（相当于有机农业总面积的 32.4%）；其次是饲料作物，2017 年种植面积为 681 公顷；多年生作物中只有水果的数据，种植面积为 559 公顷（相当于有机农业总面积的 19.3%），主要有机水果和蔬菜包括李子、苹果、葡萄、坚果（杏仁和榛子）和马铃薯。此外，北马其顿还生产有机加工类产品（果酱、奶酪、茶叶、葡萄醋等）。

经认证的野生收获面积：根据 Willer 和 Lernoud 2019 年的数据，2017 年，北马其顿认证野生地面积为 119.7 万公顷。根据 Gjorgijevski 2019 年的数据，2017 年，北马其顿认证野生地面积为 50 万公顷。由于没有统一的标准，许多国家的野生地数据存在较大差异。

有机经营者数量：截至 2017 年，北马其顿共登记了 650 家有机生产商、119 家加工商、6 家进口商和 7 家出口商，部分生产商同时也是加工商、出口商和进口商。

有机畜牧业（包括养蜂业和水产养殖业）：有机畜牧业主要包括绵羊（9.238 6 万头，占有机畜牧业的 88.2%），其次是牛（8 565 头，占 8.2%）和山羊（3 833 头，占 3.7%）（Gjorgijevski，2019）。有机养蜂业是有机养殖的重要组成部分，2017 年有 7 676 个有机蜂箱（Willer 和 Lernoud，2019）。

食品和非食品有机产品的加工：北马其顿从事有机产品加工的企业并不多。Alkaloid（生产有机茶叶）、VinarijaGrkov（生产有机葡萄）、Vitalia（生产有机橘子酱）和 KasteliIntermak（生产有机蘑菇）等企业是有机产品加工的先行者。部分企业生产干草药、果脯、加工水果（主要是野生莓果）、果汁、浓缩果汁和果酱。这些产品大多面向出口，部分产品可以直接在农场加工（如蜂蜜、果汁、面包和精油）。

3. 立法、监管和政策体系

有机农业的主要负责部门/机构：北马其顿农业、林业和水利经济部（MAFWE）是主要负责部门。认证研究所负责对有机农业检查认证机构开展认证工作，并按照国际标准对有机产品进行检查认证。BIOSAN 是最大的农民组织，也是有机运动的主导力量。

有机法律法规：北马其顿第一部有机法于 2004 年通过，立法包含了与有机生产、加工、销售、认证和标签有关的总则，以及用于人类消费和动物饲养的所有类型的有机农产品。欧盟新规通过后，2009 年，北马其顿对该法律文本进行了修订。2010 年 1 月 1 日生效的《有机农业法》（政府公报第 146/2009 号，2009 年 12 月 7 日发布），与欧盟有机生产法规和有机产品标识法规（第 834/2007 号法规和第 889/2008 号法规）完全一致。2010 年，北马其顿通过了部分细则，并于 2011 年对法律进行了进一步修订，以提高法律执行效率。2014 年，北马其顿对该法律文本进行了全面审查，并于 2016 年通过了新的修正案，以更好地与欧盟法规保持一致。

国家自愿性有机标准：北马其顿没有统一的国家有机标准。

国家有机监管体系：《有机农业法》的补充细则为有机农业生产提供了完整的法律框架。国家有机农业监管体系由国家农业监察局和食品兽医局负责。此外，申请有机生产财政支持的实体需接受农业和农村发展财政支持署的管理。

运作/授权的认证机构：2004 年，北马其顿启动了有机野生产品认证工作。2005 年，在瑞士项目的支持下，北马其顿在全国推广了有机产品认证工作。目前，北马其顿有数个外国认证机构。由北马其顿认证研究所认可，农业、林业和水利经济部授权的私营认证机构负责相关管理认证工作。根据北马其顿《有机农业法》，已注册的检查机构负责有机生产商、加工商和贸易商的专家管理工作。检查机构必须在北马其顿设有总部，雇用至少 3 名工作人员，并且通过相关认证。有通过《国家农业支持计划》开展有机农业的实体，均应持有农业、林业和水利经济部授权的管理认证机构颁发的证书。欧盟授权的北马其顿进行认证管理的机构名单表 2-9。

表 2-9　欧盟授权的北马其顿进行认证管理的机构名单

机构名称（国家）	代码	第一类非加工植物产品	第二类活体动物或非加工动物产品	第三类水产品和海藻	第四类经加工的可食用农产品	第五类经加工的饲用农产品	第六类用于栽培的分株繁育材料和种子
A CERT（希腊）	MK-BIO-171	×	—	—	×	—	—
AGRECO R. F. ÖDERZ GmbH（德国）	MK-BIO-151	×	×	—	×	—	—
Albinspekt（阿尔巴尼亚）	MK-BIO-139	×	×	—	×	—	×

（续）

机构名称 （国家）	代码	第一类 非加工 植物产品	第二类 活体动物 或非加工 动物产品	第三类 水产品 和海藻	第四类 经加工的 可食用 农产品	第五类 经加工的 饲用 农产品	第六类 用于栽培的 分株繁育材 料和种子
Balkan Biocert Skopje （北马其顿）	MK - BIO - 157	×	×	—	×	—	—
CERES （德国）	MK - BIO - 140	×	×	—	×	—	×
Control Union （荷兰）	MK - BIO - 149	×	×	×	×	—	—
Ecocert SA （法国）	MK - BIO - 154	×	×	—	×	—	×
Kiwa BCS （德国）	MK - BIO - 141	×	—	—	×	—	—
LACON GmbH （德国）	MK - BIO - 144	×	×	—	×	—	—
Organic Control System （塞尔维亚）	MK - BIO - 162	×	—	—	×	—	—

资料来源：OFIS，2019。

经主管部门授权，Balkan Biocert Skopje[①] 作为国家认证机构，可以开展国内和国际认证服务。2012 年起，欧盟授权该机构在北马其顿开展检查认证服务（仅在北马其顿为欧盟开展认证服务）。2015 年起，瑞士有机农业协会授权该机构在北马其顿开展检查认证服务。

Procert Control 和 Certification OKS[②] 为国际、私营和国家标准提供检查认证服务，独立开展或与合作伙伴共同致力于使北马其顿有机生产法律符合欧盟法规、美国国家有机计划和日本农业标准。截至 2019 年 4 月，该机构未被列入欧盟授权的认证机构。该机构是德国认证机构 CERES 的合作伙伴。

关于有机农业的国家战略和行动计划：《国家有机农业战略行动计划 2008—2011 年》是有机行业发展的一个重要里程碑。该计划规定了 2011 年之前需达到的各项指标，包括有机农业面积需达到农业总面积的 2%，野生产品

---

① 更多信息见 http：//www. balkanbiocert. mk/
② 更多信息见 http：//www. procert. mk/uslugien. html

采集量需达到农产品总产量的 5%。

支持有机农业的政策措施：北马其顿出台了多项政策文件支持有机农业发展，包括：①《稳定与合作协议》（2001 年），它通过维护社会公正、促进就业和利用国家资源推动该国可持续发展。②《国家农业农村发展战略》，它介绍了北马其顿农业和环境政策现状和需求。③协调本国农业政策与欧盟共同农业政策的战略，明确了对有机生产地区进行认证以及与欧盟法规保持一致的必要性。④第二个国家环境行动计划（2006 年通过），该计划旨在将环境问题纳入农业发展政策，并保护对可持续农业发展至关重要的基本自然资源，因此必须采取措施，加强有机生产和完善监测系统。为此，北马其顿决定建立欧盟认可的有机产品认证体系。

农业、林业和水利经济部一直支持有机行业发展。自 2015 年起，有机农业补贴幅度大幅增加。对有机农业进行财政支持的相关内容也被写入《2013—2017 年农业农村发展规划》。2017 年，《农业农村发展财政支持计划》规定，为促进有机农业发展，继续从国家预算拨出资金，对有机农业进行财政支持，支持有机农业的相关内容被写入《2014—2020 年国家农业农村发展战略》。此外，《2014—2020 年入欧前农村发展援助计划》包含了支持农业环境政策和有机生产的相关内容。此外，《农业发展支持法》为包括有机生产在内的各个行业制订年度财政支持计划铺平了道路（Bilali 等，2014）。

4. 有机农业营销

北马其顿根据《有机农业法》来管理国内和进出口市场。

国内市场：北马其顿的有机作物在数量和种类方面不够丰富，因此无法开展真正意义的市场推广活动。有机产品主要在超市以及比托拉、普里莱普、罗索曼和斯科普里的小型露天市场进行销售，这些城市有专门销售有机食品的摊位。另外，所有销售渠道，包括大型零售店、专卖店、保健品店/药店、农场直销、批发商和网络销售也都售卖有机产品。其他市场推广活动还包括在部分咖啡馆售卖鲜榨果汁和开展特产直销（如蜂蜜、面包和水果）。2008 年，北马其顿开展了首个全国性的有机食品推广活动——有机生产日，并在此后数年持续举办该活动。2010 年，北马其顿举办了首个全国性的有机农业推广活动。

进口市场：进口行为由《有机农业法》予以规范。北马其顿进口品类繁多的有机产品，大部分是加工食品，如冰茶、冰沙、果汁、杏仁、藜麦、大米、豆奶、油脂、椰子油、麦片、无麸质蛋糕、无麸质意面、有机种子、全麦米、小米、可可、荞麦、华夫饼和蛋黄酱，但没有进口额和进口量的相关数据。

出口市场：出口信息仅包括产品类型，没有出口额或出口量的数据信息。少数企业从事野生产品的加工和贸易，包括生产干草药/茶、蘑菇、果脯、加工水果（主要是野生浆果）、果汁、浓缩果汁和果酱。由于本地市场规模有限，大部分产品以出口为导向。还有一些出口产品是传统加工类食品，如红椒酱、鹰嘴豆泥和茶叶。除了野生产品，其他有机产品的产量无法满足出口需求。

国家级数据收集系统：马其顿有一个官方数据登记和收集系统，但产量和产值数据并不完整。

5. 国家有机农业机构和相关国际组织

支持有机农业的主要国家机构：农业、林业和水利经济部（MAFWE）是有机农业的主管部门，下设有机农业办公室。认证研究所、马其顿有机生产者联合会，以及北马其顿现有的两家认证机构（Balkan Biocert Skopje、Procert Control 和 Certification OKS）是开展有机认证工作的重要部门。北马其顿有两个农学院从事有机农业研究工作，有机农业也被纳入这两个院校的高等教育课程。

自 2007 年 9 月起，北马其顿教育和科学部批准在农业中等专业学校的四年级课程中引入有机农业生产课程作为选修课。

参与有机生产的农民团体/组织：有机运动主要由农民和加工商组成的民间社会团体来推动。总部设在斯科普里的有机产品生产者协会（BIOSAN），它是主要的农民组织，职能是指导和协调当地有机农民协会的相关活动，并在全国范围内推广有机农业。

支持有机农业发展的国际组织和捐助项目：自 2000 年开始，国际组织和援助项目一直在推动北马其顿有机农业发展。在入欧前援助结对项目"有机农业生产和农产品质量保护（2013—2014 年）"的支持下，北马其顿完善了《有机农业法》，并于 2016 年通过了数个修正案。近期，由瑞士基金支持的项目旨在加强北马其顿国家和地区在有机生产和质量保护方面的机制能力建设。在国际合作项目"提高市场就业能力- IME（2014—2018 年）"的支持下，北马其顿建立了首个有机农民登记表。最近的活动（始于 2018 年）包括与瑞士促进有机农业基金会的合作，目的是使马其顿法律与 2021 年实施的欧盟新规（EU2018/848）保持一致。在国际组织和援助项目［德国国际合作机构、国际地中海农艺研究中心-巴里地中海农艺研究所（意大利）、美国国际开发署、欧盟资助的结构性法律改革项目等］的支持下，北马其顿在国内外举办了多个短期培训项目。

6. 机遇和挑战

开展或扩大有机农业规模的主要障碍：北马其顿有机农业发展的主要制约因素包括：有机农业投入品有限且成本高昂、对有机农业的投资不足、缺乏训练有素的专家和推广人员、国内有机市场不够发达、有机产品供应不足且缺乏组织、对有机农业的研究不够、基础设施（如储存设施）不足、缺乏认证实验室、加工能力低下、有机农业支持资金有限。

开展或扩大有机农业规模的主要机会：考虑到北马其顿的气候和土壤条件，北马其顿在发展有机农业，特别是作物生产、养蜂和野生产品采集方面有很大潜力。目前，北马其顿的农业生产仍然依赖于农业投入品的使用。随着市场营销的推广，以及政府对有机产品供应链的大力支持，有机农业有望成为北马其顿最发达的农业产业之一，可以促进农食产品贸易平衡。

从过去的有机农业项目中吸取的主要经验教训：部分针对生产商的项目已经初见成效，比如通过合作提高生产商的能力，加强生产商和市场的联系等。除了有机农业转型，生产过程中的其他问题，如质量安全问题、小农户因基础设施或认证成本而面临的种种限制，也需要通盘考虑。此外，设计相关项目时还需考虑农民管理体系（如统筹畜牧业和农场投入品消耗等）。

未来发展的关键战略和行动计划：《国家有机生产计划（2013—2020年）》的主要目标包括提高有机农业的竞争力，将有机认证牧场的比例提高至4%，将有机认证牲畜（包括蜜蜂和水产品）的比例提高至4%，发展有机农民协会和其他非政府组织，增强上述机构在有机农业领域的活动能力。为实现上述重要目标，北马其顿应及时采取行动，促进有机农业的未来发展。

7. 访问以下网站可获取更多信息

http：//www. mzsv. gov. mk/：Ministry of Agriculture，Forestry and Water Economy

http：//www. iarm. gov. mk/：Institute of Accreditation of Republic of North Macedonia

http：//www. fpopm. com/：Federation of Organic Producers of Macedonia

http：//www. procert. mk/：Procert Control and Certification OKS

http：//www. balkanbiocert. mk/：Balkan Biocert Skopje

https：//www. organicexport. info/north - macedonia. html

https：//globalorganictrade. com/country/macedonia

https：//www. organic - europe. net/country - info/country - info - macedonia - fyrom/country - info - macedonia - fyrom0. html

摩尔多瓦

1. 有机农业发展背景

农业和农产品加工在摩尔多瓦经济中发挥着重要作用。过去十年间，在法律政策体系的引领下，摩尔多瓦的有机农业得到了迅速发展。农业、地区发展和环境部（MARDE）的数据显示，2000 年，政府通过了《国家有机农业方案》来促进非转基因食品的生产和销售。2001 年，第一个有机认证农场诞生了。2003 年，有机农业开始在摩尔多瓦推行，最初面积为 80 公顷，2003 年底又增加了 168 公顷。2005 年 6 月 9 日，《有机农食产品生产法》（第 115 号政府决定）开始实施。2006 年和 2008 年，摩尔多瓦相继通过相关法律，2006 年 2 月 10 日通过《关于实施有机农食产品生产法》的第 149 号政府决定，2008 年 10 月 2 日通过《关于有机农食产品生产和标识技术法规》的第 1078 号政府决定。

2006 年，摩尔多瓦政府启动了一项农业规划，目的是促进生态发展和提高农业竞争力，其中包括一项国家有机农业促进计划。2005—2009 年，摩尔多瓦有机农业种植面积扩大了 35 倍。2009 年，斯特凡沃达和阔塞尼地方政府组织了季节性的有机露天市场，以提高公众对有机农业的认识并促进有机行业发展。2010 年，全国 2％的财政补贴分配给农业领域，支持农民从传统农业向有机农业转型。自 2013 年以来，摩尔多瓦建立了有机葡萄园和果园额外补贴制度。此外，摩尔多瓦还成立了两家本土有机认证企业，目的是为农民降低第三方有机认证成本。这些举措极大地促进了有机行业的发展。截至 2013 年，摩尔多瓦有机种植面积已达到 5.168 1 万公顷，占全国耕地总面积的 2.87％，然而，在 2014 年，有机种植面积下降到 4.87 万公顷。2014 年 10 月 22 日发布的第 884 号政府决定批准使用"有机农业-摩尔多瓦共和国"作为国家有机标识。近年来，有机产品生产和出口均呈现出强劲的增长势头。增长的主要驱动力来自欧盟市场的需求。目前对欧盟的贸易占摩尔多瓦贸易总量的 50％以上，此外，良好的国家政策以及非政府组织和私营部门的参与也促进了有机农业的增长。欧盟对摩尔多瓦有机产品的需求一直很高，尽管欧盟的有机市场曾因经济危机而停滞不前（Ghedrovici 和 Ostapenko，2016）。

2. 有机生产

有机认证估算总面积：农业、地区发展和环境部的数据显示，2018 年，摩尔多瓦有机认证面积为 7.568 61 万公顷（Stahi，2019）。

有机认证面积占农业用地的估算比例：2018 年，有机农田占农田总面积的比例为 3.9%。

主要种植作物及种植面积：摩尔多瓦种植面积最大的有机农作物是谷物。2017 年，有机谷物种植面积为 2.009 7 万公顷。其次是油料和蛋白作物，种植面积为 4 183 公顷。其他有机农作物包括干豆（515 公顷）、温带水果（279 公顷）、蔬菜（109 公顷）和葡萄（7 公顷）。根据 Willer 和 Lernoud 2019 年的统计，2017 年，摩尔多瓦有机种植总面积为 3.014 2 万公顷。

经认证的野生收获面积：2017 年，认证的野生地面积为 424 公顷（Willer 和 Lernoud，2019）。

有机经营者数量：据统计，2017 年，有机经营者总数为 136 家，其中 47 家与国家认证机构签约，89 家与国际认证机构签约（Stahi，2018）。根据 Stahi 的统计，2018 年，有机经营者总数为 104 家，而根据 Willer 和 Lernoud 的统计，有机经营者总数为 114 家，其中 72 家是有机产品出口商。

有机畜牧业：2017 年，320 头牛和 1 115 头羊采用了有机养殖方式。

食品和非食品有机产品的加工：摩尔多瓦的有机加工能力包括：使用有机葡萄生产有机葡萄酒，从有机芳香植物中提取精油，生产有机奶酪，加工有机葵花籽获得有机葵花油，对有机水果进行烘干处理。

3. 立法、监管和政策体系

有机农业主要负责部门/机构：摩尔多瓦农业、地区发展和环境部（MARDE）是主要负责部门。

有机法律法规：摩尔多瓦第一部关于有机农产品的法律于 2005 年 6 月 9 日实施。2008 年 9 月 22 日，《有机农食产品生产和标识条例》开始生效。根据该条例，摩尔多瓦检查认证机构需按照 ISO 17065 标准，由摩尔多瓦认证中心进行认证。农业、地区发展和环境部授权合格的认证机构开展相关工作。该条例还包括有机产品加工原则、办法、有机生产、检验和认证体系，以及有机产品进出口规定。每个有机农场和加工商必须在摩尔多瓦政府部门注册。农业、地区发展和环境部对已授权的检查认证机构进行监督管理，收集该国有机生产加工数据和编制投入品清单。2013 年，摩尔多瓦政府发布行政令，成立一个新的机构，即摩尔多瓦农业支付机构，负责管理农业部门的补贴，包括对有机生产商的补贴（Leshchynskyy，2018）。

国家自愿性有机标准：摩尔多瓦没有国家自愿性有机标准。

国家有机监管体系：摩尔多瓦国家有机监管体系是由农业、地区发展和环境部根据相关法律和实施条例进行管理。农业、地区发展和环境部通过本国授权机构和外国认证机构（如欧盟）开展数据收集，对检查认证机构进行监管以确保工作的客观性。农业、地区发展和环境部还负责对认证工作的有效性、违规违法行为和限制措施进行监督管理，必要时撤销或暂停授权。此外，农业、地区发展和环境部还负责起草和更新摩尔多瓦有机生产投入品清单。

运作/授权的认证机构（国内或国外）：有机生产认证工作由授权私营机构负责。授权机构每半年向主管部门报告工作动态，包括运营商、检查场所、已查明的不合规情况等。欧盟授权的摩尔多瓦进行认证管理的机构名单见表2-10。

表 2-10　欧盟授权的摩尔多瓦进行认证管理的机构名单

机构名称（国家）	代码	第一类 非加工植物产品	第二类 活体动物或非加工动物产品	第三类 水产品和海藻	第四类 经加工的可食用农产品	第五类 经加工的饲用农产品	第六类 用于栽培的分株繁育材料和种子
AGRECO R. F. GÖDERZ GmbH（德国）	MK-BIO-151	×	×	—	×		
Albinspekt（阿尔巴尼亚）	MK-BIO-139	×	×	—	×		
bio. inspecta AG（瑞士）	MD-BIO-161	×					
CCPB SRL（意大利）	MD-BIO-102	×			×	×	
CERES（德国）	ME-BIO-140	×	—	—	×		
Ecocert SA（法国）	ME-BIO-154	×	—	—	×		×
ICEA（意大利）	MD-BIO-115	×			×		
Kiwa BCS（德国）	ME-BIO-141	×	—	—	×		—
Letis SA（阿根廷）	MD-BIO-135	×	—	—	×		

（续）

机构名称 （国家）	代码	第一类 非加工 植物产品	第二类 活体动物 或非加工 动物产品	第三类 水产品 和海藻	第四类 经加工的 可食用 农产品	第五类 经加工的 饲用 农产品	第六类 用于栽培的 分株繁育材 料和种子
Organic Standard （乌克兰）	MD－BIO－108	×	×	—	×	—	—
A CERT （希腊）	MD－BIO－171	×	—	—	—	—	—

资料来源：OFIS，2019。

摩尔多瓦目前有 3 个国家认证机构（Stahi，2018）：①Certificat Eco SRL：成立于 2006 年，2013 年根据 ISO 17065 标准通过相关认证；②Bio Cert Traditional SRL；③Control Union Dnejstr。

支持有机农业的政策措施：摩尔多瓦已经认识到可持续农业的潜力，这不仅能增加产量和农民收入，还可以促进农村振兴，恢复生态系统的完整性。自 2005 年起，摩尔多瓦开始为有机农业提供补贴。补贴涵盖各类有机产品，政府根据转型年份和面积大小向有机生产商发放补贴。根据 Stahi（2019）的统计，政府第一年对处于转型的永久牧场补贴 38.09 欧元，对果园、葡萄园和草莓补贴 71.42 欧元，第二年和第三年加大补贴力度。此外，为帮助生产商发展有机农业，转型后的有机农民还会获得如下支持：政府凭发票对有机认证产品给予超出普通产品 20％的溢价。

4. 有机农业营销

有机农产品主要面向出口，欧盟是最大的贸易伙伴。

国内市场：国内市场相对有限，城市地区对有机产品的需求不断增长，最明显的是基希讷乌和巴蒂。2007—2009 年，为发展本地有机市场，摩尔多瓦政府采取了一项重要措施，即为有机产品生产商提供了比常规产品高 20％的溢价。根据《公共采购法》，政府购买有机产品、蔬菜和水果用于公共餐饮。通常是政府招标，农民参与竞标，政府优先采购有机产品，剩余部分用常规产品补充。马铃薯和浆果刚刚开始有机种植，主要供应当地幼儿园和学校。国内对有机产品的认识和宣传仍然不够。在大多数本地市场上，有机产品仍然短缺。新鲜有机水果、蔬菜、乳制品和肉制品在商店里并不常见。扩大有机产品种类和增加收入的机会主要来自于面向出口的有机产品加工业。

进口市场：不适用。

出口市场：主要出口认证有机产品包括葡萄酒、核桃仁、干果（梅干、苹果干和樱桃干）、玫瑰果、腌制樱桃、南瓜籽、葵花籽、葵花油、大豆籽、油菜籽、谷物（小麦、大麦、三叶草和黑麦）、谷物（如动物饲料）、薰衣草油、豆子和大麦。主要出口国有捷克、德国、意大利、波兰和斯洛伐克。核桃是最受欢迎的产品之一，主要销往德国。有机农产品，如谷物、油料、干豆、草药、蜂蜜、水果、浆果和坚果很适合出口至欧盟国家。有机谷物，如软小麦、硬小麦和斯佩尔特小麦主要出口至斯洛伐克、捷克和波兰。

国家级数据收集系统：摩尔多瓦有一个官方数据收集系统，里面包括本国认证机构和进口国授权机构的数据信息。

5. 支持有机农业机构和相关国际组织

支持有机农业的主要国家机构：农业、地区发展和环境部是主管部门。该部设立了一个专门机构即有机农业和原产地产品局来支持有机农业发展。该局负责牵头制定相关法规，管理检查认证授权机构委员会，维护有机农民登记册，制订行业发展计划，协调有机农业领域的公共政策。摩尔多瓦有多家机构积极参与有机农业的研究和推广。其中，特定大田作物研究所、植物保护生态研究所、全联盟植物保护生态研究所和摩尔多瓦国立农业大学农学系都是在有机农业领域深耕多年的国内领先科研机构。

EcoVisio 是一个非政府基层组织，创建于 2017 年，致力于可持续发展教育、和平、转型领导力、社会企业家精神、绿色经济、农村发展、旅游业、林业、有机农业、垃圾管理、生态建设和能源等众多领域。成立于 2003 年的非政府组织 Pro Rural Invest 开展了实地示范项目，举办了多次研讨会，编写了有机生产领域的出版物，并与其他国家的类似组织建立起联系。摩尔多瓦有机价值链联盟（MOVCA）是会员制有机农业商业协会，负责有机产品的统一促进和保护，为来自农场和市场的不同会员提供服务和支持。

参与有机生产的农民团体/组织：全国有机农民协会（APEM - AGRO）成立于 2010 年。该协会在地方和国际展会上设立联合展台，推广会员产品。协会致力于为私营部门发声，并与政府开展对话。

支持有机农业发展的国际组织和捐助项目：欧盟资助的"欧盟东部邻国绿色经济（EaP GREEN）合作伙伴计划"旨在为东部邻国提供支持，特别是亚美尼亚、摩尔多瓦和乌克兰，以加强其有机农食产品的供应链和贸易流。在联合国开发计划署和全球环境基金环境财政改革项目的财政支持下，摩尔多瓦于 2014 年起草了《有机农业和传统农业绿化研究国别报告》。

欧盟委员会技术援助和信息交流项目（TAIEX）"战略支持摩尔多瓦有机农业部门"旨在加强摩尔多瓦的有机农业领域（2017 年 5 月至 2018 年 6

月）。美国国际开发署资助的"支持有机农业"项目由非政府组织"需要帮助的人"负责实施，旨在增加摩尔多瓦有机产品的产量和扩大摩尔多瓦有机农业规模。

6. 机遇和挑战

开展或扩大有机农业规模的主要障碍：有机生产面临着与传统生产类似的问题，包括缺乏公路等必要的基础设施、加压灌溉系统和技术，以及收获、管理储存和加工设施。此外，阻碍有机农业长期发展的其他因素还包括缺少训练有素的劳动力，土地所有权结构不合理，以及融资和营销机制尚不健全等。有机生产还受到加工技术的严重制约。获得有机认证标识需要资金支持和提交证明文件，这对许多小型生产商来说十分困难且成本高昂。支持有机生产的国家政策，以及政府对有机农民的补贴经常变化，并设有种种限制，挫伤了农民向有机农业转型和推广有机农业的积极性。

消费者意识不强和购买力低下也制约了有机市场增长。此外，摩尔多瓦还面临有机产品供应量和质量不稳定、产品种类有限等问题。

出口市场需求不稳定同样不利于产品生产、品牌建设、市场营销和贸易基础设施领域的长期投资。对于小型农场来说，有机认证成本太高。在大多数情况下，贸易商和出口商持有有机认证证书，这样做的好处是帮助缺乏资源的农民进入国际市场，但农民在销售有机产品时没有决策权或议价权。

开展或扩大有机农业规模的主要机会：总的来说，摩尔多瓦的有机生产条件是有利的，因为农业投入品使用不多，特别是依赖进口的化肥使用量不多。此外，政府已采取措施，扩大可持续农业和有机农业的规模。摩尔多瓦还有一个强大的基层组织，与农业、地区发展和环境部等利益相关部门开展密切合作。面向出口市场的有机产品，如核桃、谷物、油和干果都是保质期较长的产品，对储存和运输要求较低。

从过去的有机农业项目中吸取的主要经验教训：摩尔多瓦有机农业发展项目主要聚焦行业分析，查明阻碍行业发展的问题，召集国家机构、非政府组织和私营部门等利益相关者共同制定解决方案。

未来发展的关键战略和行动计划：摩尔多瓦已经建立起有机农业法律框架和管理体系。目前有必要重点完善加工、储存和运输设施。在市场营销方面，摩尔多瓦需要平衡国内和出口市场。根据一份对欧洲市场的评估报告，富含蛋白质的混合饲料原料，如油饼、大豆和干豆类，具有最大的出口潜力。谷物（如小麦、玉米、大麦、黑麦、三叶草、斯佩尔特小麦和燕麦）和油籽（如葵花籽）的市场前景非常好。因此，如果摩尔多瓦能够维持对有机农业的中长期支持政策，预计该国有机农业增长势头将持续强劲。

7. 访问以下网站可获取更多信息

https：//gov. md/：the Ministry of Agriculture，Regional Development and Environment

http：//www. movca. md/：Moldova Organic Value Chain Alliance （MOVCA）

https：//certificat - eco. md/：Certification body Certificat Eco SRL

https：//www. ecovisio. org/：Eco Visio，an NGO working on sustainable development and organic agriculture

https：//globalorganictrade. com/country/moldova

俄罗斯联邦

1. 有机农业发展背景

俄罗斯的有机农业是与全球有机市场扩张同步开始的，距今已近 20 年，目前仍然保持稳步增长势头。这种增长趋势在出口市场上体现得更为明显，特别是大型出口企业。另外，2004 年以前，俄罗斯国内市场的扩张一直是通过进口欧洲有机产品来实现的。随着国内市场的发展，各种绿色标识和私人认证机制被引入俄罗斯国内，在消费者中造成混乱和信任缺失。一些曾经非常成功的倡议失去了市场，不得不终止。为建立和规范国家有机体系，2014—2016 年，俄罗斯通过了 3 项国家标准（GOSTs），为有机产品的生产和销售制定了规则，分别是：

- GOST R 56104—2014《有机食品：条款和定义》，2014 年 9 月 10 日。
- GOST R 56508—2015《有机产品：生产、储存和运输规则》，2015 年 6 月 30 日。
- GOST R 57022—2016《有机产品：有机生产自愿认证指南》，2016 年 8 月 5 日。

此外，俄罗斯还制定了一项政府间标准（GOST 33980—2016/CAC/GL 32—1999，NEQ《有机产品生产、标识和销售规则》）用来规范独联体国家的有机生产，原定于 2018 年 1 月颁布实施，但由于实施条例尚未完全到位，实施时间被推迟到 2020 年。该标准实施后，将取代上述 3 项国家标准。2015 年 12 月，俄罗斯总统表示，俄罗斯的最新战略是成为全球最大的绿色优质食品供应国。为实现这一目标，俄罗斯正在完善相关立法和机制框架。

2. 有机生产

俄罗斯目前还没有官方数据收集系统。本书使用的数据是 Willer 和 Lernoud 2017 年整理的数据（后于 2019 年编辑），这些数据来自于一些认证机构，数据并不完整。俄罗斯的有机生产活动分散在全国各地，主要集中在西部地区，俄罗斯的欧洲部分，包括雅罗斯拉夫州、萨拉托夫州、罗斯托夫州、克拉斯诺达尔州和莫斯科州。俄罗斯的有机农场大多为中小规模，面积大约为50～100公顷。然而，大企业在有机产品的生产和销售中拥有最大的话语权。因此，尽管俄罗斯有机管理面积较大，但有机生产商的数量仍然很少。俄罗斯有四家大型有机生产控股企业：Agrivolga（有机品牌是 Ugliche pole）、Arivera、Savinskaya 和 Niva。已认证的种植或野生有机产品（野生植物）非农业区的分布较为分散。拥有一个以上有机产品生产商的地区包括萨拉托夫州、托木斯克州、加里宁格勒州、卡卢加州、莫斯科州、滨海边疆区、克拉斯诺达尔边疆区和摩尔达维亚。

有机认证估算总面积：俄罗斯共有 65.693 3 万公顷耕地和 3.099 1 万公顷野生地被认证为有机土地，总面积为 68.792 4 万公顷。有机农田面积为 59.812 万公顷，其中种植永久性农作物的农田面积为 104 公顷，永久性草场面积为 6 320 公顷。

有机认证面积占有机农业用地的估算比例：0.3%。

主要种植作物及种植面积：主要农作物是谷物（15.661 9 万公顷完全有机化，4.508 9 万公顷处于转型），油籽（11.457 5 万公顷），干豆类（2.644 7 万公顷），蔬菜（96 公顷），温带水果（51 公顷）和葡萄（16 公顷）。

经认证的野生收获面积：3.099 1 万公顷。

有机经营者数量：俄罗斯有 69 家有机产品加工商和 28 家有机产品出口商。

有机畜牧业：根据 Willer 和 Lernoud 2019 年的统计，俄罗斯没有包括养蜂业在内的有机畜牧业数据，但有欧盟授权的有机畜牧业认证机构。根据 Mitusova 和 Buyvolova 2017 年的数据，据国家有机联盟统计，乳制品占俄罗斯有机产品的 13%，其次是肉类和肉制品，占 11%。

3. 立法、监管和政策体系

有机农业的主要负责部门/机构：俄罗斯农业部是主要负责部门。

有机法律法规：在有机产品生产和销售领域，俄罗斯目前有 3 项国家标准（GOSTs）。

- 2014 年 9 月 10 日实施的《有机食品：条款和定义》（GOST R 56104—2014）明确了有机农业、有机生产加工、有机产品、有机检查认证的定义。
- 2015 年 6 月 30 日实施的《有机产品：生产、储存和运输规则》（GOST R 56508—2015）明确了有机生产（包括种植业、畜牧业、养蜂和水产养殖），有机农业转型，有机饲料生产，有机产品采集、包装、运输、储存和标识的细则。
- 2016 年 8 月 5 日实施的《有机产品：有机生产自愿性认证指南》（GOST R 57022—2016）介绍了有机生产的认证规则。

政府间标准《有机产品：生产、标识和销售规则》（GOST 33980—2016/
CAC/GL 32—1999，NEQ）明确了有机产品的定义，概述了有机产品的生产、
加工、标识和销售规则（Yavruyan，2018）。这一国际标准规范了独联体国家
的有机生产，原本预计于 2018 年 1 月生效，取代俄罗斯的 3 项国家标准，但
之后实施日期被推迟到 2020 年。目前，俄罗斯还没有有机标识。

国家自愿性有机标准：一些俄罗斯本土认证企业在俄罗斯国家标准化机构
即俄技术监督和计量局（Federal Agency for Technical Regulation and Metrology）
注册后，根据自己的自愿认证体系对有机生产商进行认证（Mitusova 和
Buyvolova，2017）。这些本土自愿认证体系大多基于对欧盟有机标准的编译。
自从国家标准 GOST R 56508—2015 实施以来，认证企业在认证过程中一直使
用该国家标准作为参考。然而，由于缺乏完善的官方有机认证体系，这些认证
企业让消费者感到困惑。目前通过自身系统运作的 3 家俄罗斯认证企业分别
是：有机专家[①]、生态联盟[②]（该企业有自己的有机标识 Vitality Leaf）和生态
管理[③]。

国家有机监管体系：俄罗斯的国家有机监管体系尚未完全建立，相关法律
也并未得到实施。

运作/授权的认证机构（国内或国外）：俄罗斯尚未实施有机农业法律，因
此，主管部门授权的外国认证机构根据相应的进口国法律开展检查认证工作
（表 2 - 11）。

表 2 - 11 欧盟授权的俄罗斯联邦进行认证管理的机构名单

机构名称（国家）	代码	第一类非加工植物产品	第二类活体动物或非加工动物产品	第三类水产品和海藻	第四类经加工的可食用农产品	第五类经加工的饲用农产品	第六类用于栽培的分株繁育材料和种子
A CERT（希腊）	MD - BIO - 171	×	—	—	×	—	—
AGRECO R. F. GÖDERZ GmbH（德国）	MK - BIO - 151	×	×	—	×	—	—
bio. inspecta AG（瑞士）	MD - BIO - 161						

---

① 更多信息见 http：//organikexpert. ru/
② 更多信息见 http：//ecounion. ru/
③ 更多信息见 http：//eco - control. ru/

（续）

机构名称 （国家）	代码	第一类 非加工 植物产品	第二类 活体动物 或非加工 动物产品	第三类 水产品 和海藻	第四类 经加工的 可食用 农产品	第五类 经加工的 饲用 农产品	第六类 用于栽培的 分株繁育材 料和种子
CCPB SRL （意大利）	RU‐BIO‐102	×	—	—	×	×	—
CERES （德国）	ME‐BIO‐140	×	—	—	×	—	—
Ecocert SA （法国）	ME‐BIO‐154	×	—	—	×	—	×
ECOGLOBE （亚美尼亚）	RU‐BIO‐112	×	×	—	×	—	—
Ekoagros （立陶宛）	RU‐BIO‐170	×	×	—	×	—	—
IBDCertificações Ltda.（巴西）	RU‐BIO‐122	×	×	—	×	—	—
ICEA （意大利）	MD‐BIO‐115	×	—	—	×	—	—
Kiwa BCS （德国）	ME‐BIO‐141	×	—	—	×	—	—
LACON GmbH （德国）	RU‐BIO‐134	×	—	—	—	—	—
Letis SA （阿根廷）	MD‐BIO‐135	×	—	—	×	—	—
One Cert International PVT Ltd（印度）	RU‐BIO‐152	×	—	—	×	—	—
Organic Standard （乌克兰）	RU‐BIO‐108	×	×	—	×	×	—
Organización Internacional Agropecuaria （阿根廷）	RU‐BIO‐110	×	—	—	×	—	—
Valsts SIA （拉脱维亚）	RU‐BIO‐173	×	×	—	×	×	×

资料来源：OFIS，2019。

俄罗斯没有国家有机产品认证机构，有外国认证机构。

关于有机农业的国家战略和行动计划：俄罗斯没有制定有机农业国家战略。

支持有机农业的政策措施：俄罗斯政府没有为有机农业制订总体补贴计划。《俄罗斯联邦 2013—2020 年农业发展计划》没有将发展有机农业列为优先事项，国内也没有发展有机农业的具体规划。然而，部分政策可能对有机农业的发展起到积极作用。2016 年，俄罗斯宣布禁止培育和种植转基因作物。2018 年 1 月，总理德米特里·梅德韦杰夫表示，俄罗斯将占有 10％～25％的全球有机食品市场。据称，《政府间有机农业法》实施后，相关支持措施将陆续到位。此外，俄罗斯部分地区出台了一些支持政策，比如别尔哥罗德州政府通过了引进和支持绿色农业的相关法律。考虑到不利的自然地理条件，这种积极的变化将有利于俄罗斯土地和水资源的可持续利用和保护。

4. 有机农业营销

国内市场：俄罗斯的有机产品主要是谷物（占有机产品生产总量的 23％）、水果和蔬菜占 22％，乳制品占 13％，肉类和肉制品占 11％。最大的有机产品生产商都有零售业务，并在莫斯科和圣彼得堡拥有专卖店，这两个城市集中了有机产品的主要消费人群。俄罗斯消费者主要通过大城市的精品超市和网店购买有机产品。

有机产品的零售渠道包括超市（主要是精品店），如 Azbuka Vkusa 和 Globus Gurme。大型超市欧尚售卖的有机产品溢价较小，其他超市则刚开始设立健康食品区，有机食品没有专门的货架，而是被展示在健康食品区。一项调查显示，80％的俄罗斯消费者购买有机产品是出于健康方面的考虑。进口有机产品的增加正在解决产品种类较少的问题，但俄罗斯对有机产品的需求仍然有限（Mironenko，2017）。

进口市场：国内市场销售的有机产品大部分来自进口（大约占 85％）。进口产品主要包括甜咸小吃、水果谷物棒、腌菜、果汁、谷物、意大利面、茶、咖啡、可可、巧克力和超级食品。俄罗斯主要从欧洲国家进口有机产品。

出口市场：俄罗斯有机产品主要销往国外。由于美国和欧盟的贸易制裁，俄罗斯大部分产品先出口到亚洲进行加工，主要是中国和土耳其，然后再出口至其他国家。传统亚洲产品，如红豆、大豆和鹰嘴豆在俄罗斯种植得越来越多，部分产品也出口至欧洲。

国家级数据收集系统：俄罗斯目前还没有官方的数据收集系统。

5. 国家支持有机农业机构和相关国际组织

支持有机农业的主要国家机构：主要国家机构有农业部、联邦技术监督和计量局（Rosstandart）和相关研究机构，包括有机农业研究所[①]、库班国立农业大学、俄罗斯国立农业大学-莫斯科季米利亚泽夫农学院和莫斯科罗蒙诺索夫国立大学。有机农业协会包括国家有机联盟[②]和有机农业联盟[③]。

尽管俄罗斯有从事有机农业研究的研究机构，但没有向有机农民或其他利益相关者传播研究成果的体系。

参与有机生产的农民团体/组织：国家有机联盟的成员主要是经过欧盟标准或 GOST R 56508—2015 标准认证的大型有机生产商和有机产品零售商。有机农业联盟的成员主要是有机生产商和其他绿色农业生产商，生产商无须经过有机认证。

支持有机农业发展的国际组织和捐助项目：除了撰写报告（如世界银行的报告）和举办培训课程（如联合国粮农组织的课程）以外，没有国际组织或者援助项目支持俄罗斯有机农业发展。

6. 机遇和挑战

开展或扩大有机农业规模的主要障碍：自 2014 年以来，俄罗斯一直在起草有机法律，但由于法律和制度存在差异，法律尚未得到实施。目前俄罗斯正致力于实施政府间法律，到 2020 年，该法律将取代俄罗斯现有的有机农业国家标准，同时法律内容也会更新，以符合国际标准。为避免法律推迟实施，建议对相关条款进行修改。主管部门必须建立制度框架，包括数据收集系统和市场监管体系，并在国内外消费者群体中建立信任。此外，俄罗斯有必要召集所有利益相关者开展经验交流和加强能力建设，并在国内开展有机运动。考虑到俄罗斯各地区之间的差异，有必要启动区域活动网。

开展或扩大有机农业规模的主要机会：俄罗斯的土地面积和地理优势对发展有机农业来说潜力巨大。东部和西部地区靠近主要有机市场，需求促进了面向出口的有机生产，但生产商和产品数量有限。为扩大产品种类，有必要把重点放在国内市场上。为此，建立一个运作良好透明的认证和市场监管体系将有助于建立消费者的信任，并将有机产品区别于其他健康食品。教育培训和宣传活动将有助于扩大公众对有机产品的认识。这些项目必须由国家和省州进行规划，并在媒体上向所有利益相关方传播翔实可靠的最新信息，宣传有机农业的原则、方法、标准和市场。

---

① 更多信息见 http：//www. ioa. institute/
② 更多信息见 http：//rosorganic. ru/
③ 更多信息见 http：//sozrf. ru/

　　从过去的有机农业项目中吸取的主要经验教训：俄罗斯没有重要的有机项目，但国内市场和消费者的期望应得到更多重视。

　　促进未来发展的关键战略和行动计划：俄罗斯有必要吸引各方参与起草战略行动计划，建立国家有机管理体系并执行各项功能，比如使本国法律与国际法保持一致，开展认证和数据收集，举办教育培训，开发国内外市场等。考虑到俄罗斯是全球有机领域最多的国家之一，最近几年，俄罗斯有机领域还在增长，采取上述措施显得尤为紧迫。

7. 访问以下网站可获取更多信息

http：//www. ioa. institute/

http：//rosorganic. ru/

http：//sozrf. ru/

http：//ecounion. ru/

http：//eco - control. ru/

https：//globalorganictrade. com/country/russia

塞尔维亚

1. 有机农业发展背景

20 世纪 80 年代，少数农民开始在塞尔维亚实施有机农业。1989 年，利翁食品公司开发了首个有机产品并于 1990 年出口。第一个有机协会 Terra's 于 1990 年成立，掀起了有机运动浪潮，该协会由一批来自塞尔维亚北部苏博蒂察市的有机生产商、农民、顾问和学者组成，目的是推广有机农业。第一部国家有机农业法于 2000 年通过，第二部法律于 2006 年通过，其中规定了国家有机标识使用细则。为符合欧盟标准，2010 年，塞尔维亚通过了最新的法律。第一部法律通过后，2004 年，塞尔维亚农业、林业和水利管理部设立了有机农业司，该部还为授权管理机构颁发许可证。

在德国国际合作机构（GIZ）和德国有机认证管理机构 Kiwa BCS 的帮助和支持下，2003 年，塞尔维亚成立了首个有机认证机构。2009 年，国家有机农业协会成立。2011 年，有机农业专家委员会成立。同年，《有机农业细则手册》获得批准。2013 年，有机认证机构——有机管理体系（OCS）成立。2014 年，有机农业被纳入农业高中教育课程，中等职业院校设有相应的教学大纲。塞尔维亚还成立了 6 个有机农业区域中心，分别位于塞伦卡、瓦列沃、斯维拉伊纳茨、莱斯科瓦茨、内哥廷（2011 年成立）和乌兹奇（2013 年成立）。制定国家有机生产研究方案被纳入优先事项（措施 6.1）。

2. 有机生产

有机认证估算总面积：塞尔维亚的有机生产数据有不同的统计来源。2016 年，有机农业总面积为 2.132 4 万公顷（有机面积为 1.435 8 万公顷，转型面积为 6 966 公顷），2017 年减至 1.931 8 万公顷（有机面积为 1.342 3 万公顷，转型面积为 5 895 公顷）。有机面积和转型面积都在减少。2017 年，有机农业总面积为 2.086 8 万公顷（1.342 3 万公顷有机土地，5 895 公顷转型土地和 1 550 公顷有机野生地）（Milić，2019；Willer 和 Lernoud，2019）。2015 年，有机土地面积为 1.529 8 万公顷（含草地和牧场，但不含采集野生浆果、蘑菇和药草的土地），包括有机土地和转型土地（Manojlovic，2018）。

有机认证面积占有机农业用地的估算比例：2017 年，有机土地占农田总面积的比例为 0.39%，低于 2016 年的 0.41%。

主要种植作物和种植面积：塞尔维亚属于温带大陆性气候，有 9 个土壤气候区，各地区的气候差异影响了生产模式，因此，一些地区的有机农业更为集中。主要有机农作物包括谷物、水果和蔬菜。其中，谷物占主导地位，小麦最多，种植面积达 1 348 公顷（占有机农业总面积的 10%）；其次是玉米，种植面积为 953 公顷。在多年生作物中，树莓占首位，种植面积为 1 575 公顷（占有机农业总面积的 11.7%），其次是苹果（887 公顷）和李子（771 公顷）（Miliić，2019）。Willer 和 Lernoud 2019 年发布的报告显示，油籽种植面积为 2 255 公顷，蔬菜种植面积为 215 公顷。

经认证的野生收获面积：认证野生地面积为 1 550 公顷（Willer 和 Lernoud，2019）。

有机经营者数量：塞尔维亚的有机生产始于 1990 年。2010 年，有机生产商数量达到峰值，为 3 887 家。加工商包括个人注册的生产商和分包商。2016 年，有机经营者的数量为 390 家，2017 年增至 434 家（Milić，2019）。增长主要来自于生产商和加工商。然而，这一时期的出口商数量从 60 家减到 48 家。由于有机认证土地面积减少，更多小农场进入了有机生产领域。Willer 和 Lernoud 2019 年发布的报告显示，塞尔维亚有机经营者数量为 6 022 家。数据之间的差异可能是由于加上了外国机构认证的经营者和收集野生产品的农户。塞尔维亚有机协会 2019 年的数据显示，塞尔维亚有机土地面积为 1.4 万公顷，有机经营者数量为 6 000 家。

有机畜牧业：塞尔维亚的有机畜牧业相对发达，但存在地区差异，从数量来看，畜禽业发展较好，其中，绵羊数量最多（4 665 头），其次是家禽（4 415 只）和牛（3 094 头），山羊 2 048 头，有机蜂箱 2 307 个，马 177 匹。

食品类和非食品类有机产品的加工：塞尔维亚有机食品类和非食品类（特别是药用和芳香植物）加工业很发达，为国内外市场提供种类丰富的产品，主要加工产品包括南瓜籽油和芝麻油、加工水果和蔬菜（薯片和果酱）。

3. 立法、监管和政策框架

有机农业的主要负责部门/机构：塞尔维亚农业、林业和水利管理部为主要负责部门并通过各司局履行相应职能。

有机法律法规：在前南斯拉夫时期，塞尔维亚第一部有机农业法可以追溯到 2001 年。2006 年 7 月，塞尔维亚出台《有机生产和有机产品法》（《塞尔维亚政府公报》第 62/2006 号），对有机生产进行了规定。2010 年 5 月，议会通过了新的《有机农业法》。为符合欧盟有机生产规定（EC834/07 和 889/08），《有机农业法》规定了一个政府直属的有机农业主管机构。此外，由塞尔维亚认证委员会对认证机构进行认证。该法律还涵盖了种植业、畜牧业和水产养殖生产规则，食品和饲料加工，有机标识，管理和进口规则。塞尔维亚根据《农业农村发展补贴法》（《塞尔维亚政府公报》第 10/13 号，第 142/2014 号，第 103/2015 号和第 101/2016 号）对有机农业发放补贴。

国家自愿性有机标准：塞尔维亚没有国家自愿性有机标准。

国家有机监管体系：农业、林业和水利管理部根据相关法律和实施条例对国家有机体系进行监管。

运作/授权的认证机构（国内或国外）：有机生产认证工作由授权私营机构负责（表 2 - 12）。

表 2 - 12 欧盟授权的塞尔维亚进行认证管理的机构名单

机构名称 （国家）	代码	第一类 非加工 植物产品	第二类 活体动物 或非加工 动物产品	第三类 水产品 和海藻	第四类 经加工的 可食用 农产品	第五类 经加工的 饲用 农产品	第六类 用于栽培的 分株繁育材 料和种子
A CERT （希腊）	MD - BIO - 171	×	—	—	×	—	—
AGRECO R. F. GÖDERZ GmbH （德国）	MK - BIO - 151	×	×	—	×	—	—
Albinspekt （阿尔巴尼亚）	RS - BIO - 139	×	×	—	—	—	—
Bioagricert SRL （意大利）	RS - BIO - 132	×	—	—	—	—	—
CCPB SRL （意大利）	RS - BIO - 102	×	—	—	×	—	—
CERES （德国）	RS - BIO - 140	×	—	—	×	—	×
Control Union （荷兰）	RS - BIO - 149	×	×	×	×	×	×
Ecocert SA （法国）	RS - BIO - 154	×	×	—	×	—	—
Kiwa BCS （德国）	RS - BIO - 141	×	—	—	—	—	—
LACON GmbH （德国）	RS - BIO - 134	×	×	—	×	—	—

（续）

机构名称 （国家）	代码	第一类 非加工 植物产品	第二类 活体动物 或非加工 动物产品	第三类 水产品 和海藻	第四类 加工的 可食用 农产品	第五类 加工的 饲用 农产品	第六类 用于栽培的 分株繁育材 料和种子
Organic Control System （塞尔维亚）	RS－BIO－162	×	—	—	×	—	—
Organska Kontrola （波黑）	RS－BIO－101	×	×	—	×	—	—
Q－check （希腊）	RS－BIO－179	×	—	—	×	—	—

资料来源：OFIS，2019。

有机控制系统（Organic Control System，OCS）成立于 2003 年，是塞尔维亚唯一的本土认证机构。在德国国际合作机构（GIZ）和塞尔维亚私营部门发展计划（ACCESS）的培训和支持下，2013 年 6 月 21 日，位于苏博蒂察市的 Organic Control System 被正式纳入欧盟委员会名单，可以对塞尔维亚、黑山、波黑以及北马其顿的有机产品进行认证。该机构也被列入瑞士官方认可的认证机构名单。Organic Control System 提供带有地理标识的产品认证服务，并根据美国国家有机计划、日本农业标准、瑞典有机认证和农业监管组织（KRAV）、瑞士有机农业协会的标准和要求，对有机产品进行检查认证。

支持有机农业的政策措施：2004 年，塞尔维亚通过为有机生产商发放补贴的形式，首次为有机农业提供财政支持。2009 年，在德国国际开发署项目的帮助下，塞尔维亚制定了第一个国家有机农业发展行动计划。目前，塞尔维亚根据《农业农村发展补贴法》（政府公报第 10/13 号，第 142/2014 号，第 103/2015 号和第 101/2016 号）对有机农业发放补贴。该法律规定，有机生产补贴比传统生产补贴至少高出 40%。塞尔维亚对有机种植业、畜牧业，以及处于转型期的有机生产商发放补贴，根据种植面积、牲畜头数和蜂箱数量发放相应补贴。此外，塞尔维亚还通过溢价的方式对有机牛奶进行补贴，并通过退还管理认证费用的方式，对有机农业给予额外支持。

4. 有机农业营销

国内市场：国内市场仍处于发展阶段。贝尔格莱德、诺维萨德等大城市的消费者意识已经开始觉醒。大型零售商已将有机产品纳入产品范围，并在努力增加有机产品的可得性。部分零售店和有机市场是购买有机产品的主要渠道。

此外，网上购买也是渠道之一。自 2015 年以来，贝尔格莱德的城市集市定期举办有机大篷车活动。国产新鲜有机产品和有机植物产品在市场上占主导地位。2015 年，国内市场首次出现了有机肉类。大型零售连锁店对此很感兴趣，并要求生产商增加供应量。但国内生产商无法保证供应的稳定性和供应量，这就导致进口量有所增加。

进口市场：由于国内生产供应不足，国内消费者需要的产品，如新鲜水果只能从国外进口。塞尔维亚对有机产品的需求还在增长。2015 年，有机产品进口额达 440 万欧元，主要是加工类产品，也包括新鲜产品。最近，由于国内市场出现短缺，塞尔维亚开始进口有机肉类。

出口市场：塞尔维亚有机产品主要以出口为导向，大约 99% 的产品用于出口。德国、法国、意大利和英国等欧盟国家是主要出口目的地。根据 2015 年的数据，塞尔维亚有机产品对欧盟成员国出口占 70.4%，美国占 21.8%，欧洲自由贸易联盟占 3.7%，其他国家和地区占 4%，出口总额为 1 957.3 万欧元。出口最多的产品是新鲜水果和冷冻水果。树莓、樱桃、苹果、草莓和蓝莓等水果在出口中占有重要份额，其次是浓缩果汁、树莓干、黑莓、酸樱桃、药草、蘑菇和冷冻浆果（塞尔维亚有机协会，2019）。2015 年，树莓是出口最多的水果，出口额为 1 090 万欧元，其次是冷冻黑莓（320 万欧元）和新鲜有机苹果（170 万欧元）。在加工水果中，苹果浓缩汁出口额为 100 万欧元，干果为 75 万欧元，酸樱桃、榅桲和黑莓泥为 23.2 万欧元（Simić，2017），谷物和蔬菜也有出口（Manojlovic，2018）。

国家级数据收集系统：塞尔维亚有一个官方数据收集系统，由农业、林业和水资源管理部进行管理，但数据不完整，缺少国内市场价值和份额的数据。塞尔维亚海关收集有机产品进出口数据，有机协会开展市场调查，收集现场数据（Simić，2017）。

5. 国家支持有机农业机构和相关国际组织

支持有机农业的主要国家机构：在主要政府机构中，农业、林业和水资源管理部是有机农业主管部门。该部设有两个小组负责有机农业。有机生产小组作为国家参考实验室理事会的一员，负责处理有机领域的各项工作。其他重要机构包括塞尔维亚认证机构和塞尔维亚工商会。此外，塞尔维亚有机协会在生产商和消费者中发挥着积极作用。非政府组织"伏伊伏丁那有机集群"、塞伦卡有机生产中心和公民组织"卢卡·兹楠亚"（知识港）也发挥着重要作用。

参与有机生产的农民团体/组织：塞尔维亚有机协会在有机农业发展中发挥了积极作用。协会成员包括有机生产商、加工商、贸易商、学者和消费者。

支持有机农业发展的国际组织和捐助项目：2000 年，塞尔维亚新政府成立后，外国投资项目为提高塞尔维亚对有机农业的认识和扩大塞尔维亚有机农产品出口创造了机会。荷兰"阿瓦隆"组织、瑞典国际开发合作署和德国"迪亚科尼亚"组织是首批通过区域项目促进塞尔维亚有机生产的外国组织。自2006年以来，许多有机发展项目获得了批准，其中包括：

奥地利发展署资助的伏伊伏丁那和桑扎克农村地区发展项目；

瑞士发展和合作署资助的食品安全标准引进项目；

德国国际合作署资助的政策顾问、援助协调和商业协会创办项目。

6. 机遇和挑战

开展或扩大有机农业规模的主要障碍：在塞尔维亚，小农户是农业生产的主力军，小农户人均拥有5～10公顷耕地。这既是发展有机农业的障碍，也是机遇。基础设施不足、技术集成度低、教育和支持手段匮乏和管理不善等因素阻碍了塞尔维亚扩大有机生产规模。受财政资金限制，采购原材料（种子、土壤改良剂、植物保护试剂等）、支付认证费用，以及建立仓储等基础设施遇到困难。有机生产投入品的种类十分有限。

开展或扩大有机农业规模的主要机会：塞尔维亚大部分地区拥有适合有机农业发展的自然资源。塞尔维亚明确界定了农业区域和范围，这也是制定区域环境政策时需要考虑的重要因素。塞尔维亚拥有肥沃的土壤、未受污染的土地和多样化的农业生产，有望成功扩大有机农业生产加工规模。塞尔维亚有机生产较为分散，主要以小型农场为主，这为浆果在当前的有机产品布局带来了机遇。有机农业在欠发达地区有较大发展机会，这些地区的土地面积较小，农业投入品较少。塞尔维亚有一个强大的基层运动组织，利益相关者之间的合作也较为紧密。塞尔维亚科研机构在有机农业发展中发挥着重要作用，这些机构不断扩充知识库并开展应用研究。塞尔维亚有机立法较为完善。为促进有机农业发展，国家还出台了各项激励措施。如果能通过发展增加产品产量，那么这将有助于提高塞尔维亚有机产品的竞争力（Tabakovic等，2017）。

从过去的有机农业项目中吸取的主要经验教训：自塞尔维亚建国以来，欧洲和其他国家的援助组织开始支持塞尔维亚有机农业发展，主要包括建设机制、完善立法和加强能力建设等。

未来发展的关键战略和行动计划：《国家有机农业发展行动计划》将有机生产、生物多样性保护和国家有机农业研究计划结合起来（2013年）。2018年，《有机生产发展规划》被纳入《国家农村发展规划》。根据该文件（政府公报第60/18号），2018—2020年，塞尔维亚有五大主要目标：农业生产和加工、环境和自然资源、农村地区人口收入和生活质量、实施本地农村发展战略、知识生产和转让。未来，有机农业的多功能性及其对生物多样性、自然资源保护和农村发展的影响，将指导塞尔维亚未来有机农业发展，并使其与欧盟有机农业发展保持一致。

7. 访问以下网站可获取更多信息

http：//www. minpolj. gov. rs/：Ministry of Agriculture，Forestry and Water Management

http：//www. dnrl. minpolj. gov. rs/：Ministry of Agriculture，Forestry and Water Management；Directorate for National Reference Laboratories，Group for Organic Production

http：//www. ats. rs/：Accreditation Body of Serbia

http：//www. pks. rs/：Chamber of Commerce and Industry of Serbia

http：//www. serbiaorganica. info/：National Association for organic production "Serbia Organica"

http：//www. terras. org. rs/：Organic association "Terra's"

https：//www. organica. rs：Organic Control System，Serbian certification body

http：//www. organiccentar. rs/：Centre for organic production Selenča

http：//www. vok. org. rs/：Vojvodina Organic Cluster

https：//globalorganictrade. com/country/Serbia

塔吉克斯坦

1. 有机农业发展背景

塔吉克斯坦是一个以农业为主的国家，多达 70％的人口生活在农村地区，65％的劳动力务农，主要从事棉花生产种植。该国有机农业始于 2008 年，通过 Helvetas 项目在北部种植有机棉花，并在 6 个有机棉种植区实施该项目。当地农民于 2012 年成立了合作社并接管了有机农业活动。农业部通过棉花开发项目（政府令第 28 号）建立了实验室，并在其他地区设分支机构。有机棉农场数量自 2014 年以来有所增加。2017 年，1 049 名农民利用 4 920 公顷土地生产 6 405 吨经过认证的有机棉，约占全球市场份额的 5％（可持续纺织促进会，2018）。

有机农业法（第 1001 号）于 2013 年 7 月 22 日生效，为与国际标准保持一致，需对其进行重大修改。其他要求包括用于动植物生产和野生采集、加工、标签、监管机构授权和系统监督、数据收集、研究促进和制度框架开发等方面的投入和方法。有机生产已经启动并得到国际组织项目的促进，未来需要开展更多的活动，以促进塔吉克斯坦有机农业的发展。

2. 有机生产

有机认证估算总面积：2017 年，上报的总面积约为 5 000 公顷（Husenov，2019）。

有机认证面积占有机农业用地的估算比例：0.07％。

主要种植作物及种植面积：主要种植作物为棉花和轮作作物，即紫花苜蓿（3 500 公顷）、苜蓿（700 公顷）、杏（500 公顷）、花生（500 公顷）、豆类（200 公顷）、玉米（200 公顷）、小麦（200 公顷）和番茄（100 公顷）（Husenov，2019）。可持续纺织促进会的报告显示，有机棉生产面积为 5 095 公顷（4 920 公顷加上 175 公顷处于转换期的面积），主要产区是费尔干纳谷地/苦盏。全国有 1 049 个农场获得有机棉生产认证，7.5％的棉花生产采用有机管理方式。

经认证的野生收获面积：2017 年经认证的野生采集面积为 500 公顷（Husenov，2019）。Willer 和 Lernoud（2019 年）报告称，2012 年的统计数据显示，野生采集面积超 100 万公顷，耕地面积超 12 659 公顷。当地消息来源证实，所报告的野生区域仅获得一年的有机认证，随后该项目被终止。

有机经营者数量：Willer 和 Lernoud（2019）报告显示，生产者数量为 10 486 人，有机作物生产者约为 1 500 人，其中有机棉生产者为 1 049 人。

有机畜牧业（包括养蜂和水产养殖）：不适用。

食品和非食品有机产品的加工：有机棉加工商 DoCotton 是一家位于卡赫拉曼马什拉的土耳其公司。BioKishovarz 是棉花和其他产品的生产者合作社。Sugdagroserv Organic（PA SAS Organic）有机产品公司大规模涉足棉花和棉花产品，Oro Isfara LLC 是一家干果和坚果加工和包装公司。

3. 立法、监管和政策框架

有机农业的主要负责部门/机构：塔吉克斯坦农业部是主要负责部门。

有机法律法规：有机农业和有机生产法（第 1001 号）于 2013 年 7 月 22 日生效，为与国际标准接轨，需要进行重大修订。农业部已适时颁布了两项政令：

（1）第 41 号令：2015—2020 年，农业部成立有机农业发展专家工作组。第一次工作组会议于 2015 年 4 月召开。

（2）《关于确定生物农业和生产领域授权国家机构的政府决议》（第 127 号）于 2014 年 2 月 27 日颁布，指定农业部为有机农业授权的国家机构。

粮农组织专家对国家立法做了分析，提出改进建议，并通过技术合作计划项目与国家利益相关者进行了讨论。

国家自愿性有机标准：没有国家自愿性有机标准。

国家有机监管体系：没有建立登记利益相关者和监管体系。目前没有国家有机标志。涉及的主管部门和其他政府机构：自 2015 年 2 月起，农业部成为有机农业主管部门。其他主要机构包括塔吉克农业大学和塔吉克农业科学院，主要参与教育和研究计划（包括可持续农业和培育抗病虫害植物品种）。

运作/授权的认证机构（国内或国外）：自国家立法以来，认证机构未能依据进口国的法规（如欧盟法规和美国国家有机计划）在塔吉克斯坦进行运作（表 2 - 13）。

表 2 - 13　欧盟授权在塔吉克斯坦进行认证管理的机构名单

认证机构名称（所属国）	代码	第一类非加工植物产品	第二类活体动物或非加工动物产品	第三类水产品和海藻	第四类经加工的可食用农产品	第五类经加工的饲用农产品	第六类用于栽培的分株繁育材料和种子
Bio. inspecta AG（瑞士）	TJ - BIO - 161	×	—	—	×	—	—
CCPB SRL（意大利）	AL - BIO - 102	×	—	—	×	—	—
CERES（德国）	TJ - BIO - 140	×	×	—	×	—	—
Control Union（荷兰）	TJ - BIO - 149	×	×	×	×	×	X
Ecocert SA（法国）	TJ - BIO - 154	×	—	—	×	—	—
ECOGLOBE（亚美尼亚）	TJ - BIO - 112	×	×	—	×	—	—
Ekoagros（立陶宛）	TJ - BIO - 170	×	—	—	×	—	—
Kiwa BCS（德国）	TJ - BIO - 141	×	—	—	×	—	—
Letis SA（阿根廷）	TJ - BIO - 135	×	—	—	×	—	—
Organic Standard（乌克兰）	TJ - BIO - 108	×	—	—	×	—	—

资料来源：OFIS，2019。

塔吉克斯坦没有国家认证机构。

关于有机农业的国家战略和行动计划：没有国家战略和行动计划。

支持有机农业的政策措施：没有相关支持政策和措施，仅发布了两份政策性文件，如下所示：

• 塔吉克斯坦到 2030 年的国家发展战略（经塔吉克斯坦议会 2016 年 12 月 1 日颁布的第 636 号决议批准）。

• 塔吉克斯坦 2016—2020 年中期发展计划（经塔吉克斯坦议会 2016 年 12 月 28 日颁布的第 678 号法令批准）。

4. 有机农业营销

在塔吉克斯坦，国际组织推动以棉花为主导面向出口市场的有机生产。

97

国内市场：目前，国内市场有机产品供应有限，加工产品陈列较少，且主要在超市和商店，有一家公司进行在线销售。

进口市场：未对有机产品进行标识。

出口市场：有机棉是出口市场的主导产品。塔吉克斯坦有机部门的主要参与者：

- DoCotton 土耳其公司，自产或从棉农手里收购经由美欧认证的棉花。
- BioKishovarz 有机农场协会，作为农民合作社，也有经过认证的产品。
- Oro Isfara 为杏干、果仁等干果和坚果经营公司。
- Sugdagroserv Organic（PA SAS Organic）主要从事棉花和棉花产品经营活动。

国家级数据收集系统：没有官方的有机农业数据收集系统。现行的有机农业法没有关于登记制度的条款。

5. 国家有机农业机构和相关国际组织

支持有机农业的主要国家机构：自 2015 年 2 月起农业部成为有机农业的主管部门。其他支持有机农业的国家重点机构包括塔吉克农业大学和塔吉克农业科学院。BioKishovarz 是 2009 年成立的棉花和其他产品的生产者合作社，也是该国有机农业的重要参与者。

参与有机生产的农民团体/组织：BioKishovarz 是棉花和其他产品的生产者合作社，成立于 2012 年，是 Helvetas 项目活动的成果。该合作社目前有 1 600 名成员。第二家合作社是 Mevahoi Firdovs，2018 年在 Ashd 区成立，拥有 32 个杏农，主要从事干果生产经营活动。

支持有机农业发展的国际组织和捐助项目：有机农业的发起和进一步推广得益于国际组织项目，这些项目由 Helvetas 和德国国际合作机构（GIZ）牵头，并得到美国国际开发署的支持。GIZ 在杜尚别、苦盏、霍罗格和库尔干秋别设有项目办公室，实施林业、野生动物和自然资源管理项目，重点是职业培训和促进区域水资源管理。联合国开发计划署实施的区域项目"中亚贸易援助"是根据芬兰的发展政策方案设计的，旨在通过促进贸易和通过帮助贫困和弱势社区共享资源来提高国家竞争力和可持续发展，促进包容性绿色经济增长。该项目还包括与有机生产相关的中小企业开展能力建设活动，即欧盟条例第 834/2007 号所指的有机生产。

6. 机遇与挑战

开展或扩大有机农业的主要障碍：塔吉克斯坦农业面临一系列影响有机农业发展的普遍问题。这些问题包括：缺乏支持有机农业发展的法律和监管框架及资金，以及土地和水资源有限，气候变化影响，有机农业投入的获取途径有限，有机农业认证成本高，有限的技术和认知，以及有限的市场准入等。

开展或扩大有机农业的主要机会：发展有机农业的优势包括，普遍存在的多样化气候条件，可生产多样化的作物品种；存在适合早熟蔬菜、水果和浆果的区域；农业就业率高及相对廉价的劳动力。同时，化学投入品价格上涨且供应有限，有利于扩大有机农业规模。塔吉克斯坦正在改善区域和全球层面的合作。面向中俄等邻国及欧盟市场的有机食品出口正在增长。随着有机棉、花生和杏以及野生开心果、大黄、药用和芳香植物生产规模的扩大，商机也在增加。

从过去的有机农业项目中吸取的主要经验教训：在项目实施过程中，各项活动都圆满完成。然而，项目终止后的可持续性，主要取决于决策者良好意愿、当地的支持和确保项目持续产出的手段。

未来发展的关键战略和行动计划：必须重新审视国家监管基础和认证体系。国家战略和行动计划需要以参与式方式起草，并为决策者提供指导，以进一步推广具有出口和国内市场潜力的高价值有机动植物产品。应建立培训和知识共享平台和设施。

7. 访问以下网站可获取更多信息

http：//www. biokishovarz. tj/：Association of Organic Farms

http：//organic - ca. org/：Organic Agriculture in Central Asia

http：//oro - isfara. com/fruit/：Oro Isfara，a packaging and processing company

http：//neksigol. tj/nashi - proekty/oo - sas - organik/：Sugdagroserv Organic（PA SAS Organic）

https：//textileexchange. org/：Organic cotton market

https：//www. helvetas. org/

土耳其

1. 有机农业发展背景

传统上，土耳其一直享有全球干果和坚果贸易领导者地位。随着欧洲有机市场在 20 世纪 80 年代中期的扩大，当地贸易商与土耳其出口商和加工商进行接洽，开始生产有机干果。首批获得有机认证的产品是葡萄干（sultanas）和无花果，于 1984—1985 生产季开始对欧出口。直到 1990 年，产品范围还仅限于几种干果和榛子。为响应荷兰提出的一项倡议，土耳其开始种植有机棉，但该倡议后来转向非洲。1992 年，有机农业组织协会（Ekolojik Tarım Organizasyonu Derneği，ETO）成立，这是一个伞形非政府组织，涵盖了有机部门所有领域的利益相关者。地中海农业生物集团（AgriBioMediterraneo）于 1992 年在伊兹密尔举行会议，将土耳其有机运动与地中海和全球参与者联系起来。

1994 年起草实施的土耳其首部有机农业法规，源于欧洲推出第一部有机植物生产法规（EEC 2092/91）。随着该法规的实施，农林部成为国家有机系统的监管机构。此外，还成立了两个委员会：一个是由农林部组建的有机农业委员会，另一个是由其他部委、大学和非政府组织的代表组成的国家指导委员会，两个委员会至今仍在运作。2002 年，土耳其农业研究和政策总局成立了有机农业研究小组。2003 年，农林部成立了有机农业特别部门，后来负责有机和良好农业规范。2004 年 12 月，出台了有机法。2010 年，根据欧盟法规，颁布了最终实施条例，制定了有机农业原则和实施办法，同时还向有机部门提供财政支持。2004 年 2 月 25 日，部长理事会决定允许有选择地向农民提供低息信贷，按当前利率降低 60% 提供 3 年期投资贷款和一年期商贷。2005 年，《关于为植物生产收入提供直补的公报》进一步为有机生产者提供了直接支持。1996—2004 年，ETO 与埃格大学农学院联合举办培训班，部委工作人员、农艺师、兽医和应届毕业生共约 2 500 人参加。从 1999 年开始，ETO 发起举办全国有机农业研讨会，旨在促进研究机构之间分享经验和研究成果。第六届研讨会于 2019 年 5 月在伊兹密尔的 Ekoloji 博览会期间举行。

从早期开始，有机产品就以欧洲市场为目标。出口商和加工商与参与项目的小农户签订合同，转让专有技术，支付认证费用并提供必要投入。这种模式使小农户能够提高质量并获得进入出口市场的机会。过去5年，美国市场已成为一个重要目标，同时，国内市场也在蓬勃发展，尤其是在大城市。

2. 有机生产

农林部拥有一套数据收集系统，由经授权的认证机构运作。该系统仅涵盖根据土耳其法律获得认证的运营商。目前，土耳其尚无可靠的有机生产数据，上述生产已按进口国的标准进行了认证，如欧盟标准、美国国家有机计划标准、日本农业标准等。以下数据来源于农林部，数据中的经营者已根据土耳其有机立法获得认证。

有机认证估算总面积：2018年有机认证总面积为626 884.8公顷，其中，种植面积为533 793.7公顷（365 889.5公顷有机田和167 904.2公顷转化田），86 885.5公顷用于野生采集，其余6 205.6公顷（2 494.1公顷有机田和3 711.5公顷转化田）作为休闲用地。

有机认证面积占有机农业用地的估算比例：占农业用地总面积的2.45%。

主要种植作物及种植面积：土耳其所产的有机农产品（原料）有240多种。水果、蔬菜、豆类、谷物、坚果、香料和香草、油籽及其他经济作物和野生产品等，已成为该国有机农产品的主导。Öktem Bayraktar（2019）报告称，2017年在一年生栽培作物中位居前三的是：小麦（97 072公顷）、三叶草（31 940公顷）和野豌豆（25 130公顷，作为动物饲料和绿肥）；在多年生作物中位居前三的是：橄榄（58 514公顷）、无花果（12 728公顷）和榛子（8 859公顷）。

有机经营者数量：2018年报告的农民总数为79 563人，其中，54 666人已获得有机认证，24 897人正处于在转换期。

有机畜牧业：与早期开始面向出口市场的作物相比，有机畜牧业在过去十年中只面向国内市场发展。家禽（主要是蛋鸡）在该领域占主导地位。有1 242 170只母鸡获得有机认证。2018年转换的牲畜数量为，牛1 036头、山羊6 918只、绵羊6 498只。获得有机认证的牲畜数量为，牛5 113头、山羊10 685只和绵羊10 475只。市场上出售的主要有机动物产品是牛奶，其次是奶酪、酸奶、ayran（土耳其酸奶）、黄油和奶油等乳制品。2018年，国内销售有机鸡蛋174 675 362枚。

食品和非食品有机产品的加工：在过去十年中，加工商和加工有机产品的数量一直在增加。土耳其有机加工产品主要包括：干果和蔬菜、干果条、果蔬罐头、冷冻水果和蔬菜、果蔬汁、面粉、橄榄和橄榄油、植物油、番茄酱、酱汁、醋、巧克力和可可制品和饼干等。食品加工所占份额最高，但土耳其也是生产和出口有机纺织品（如内衣、家用纺织品、毛巾、成衣和婴儿装）的国家之一。有机化妆品生产呈增长趋势。

3. 立法、监管和政策框架

有机农业的主要负责部门/机构：主要部委是农林部（MAFF）。植物生产总局下属的良好农业规范和有机农业司负责有机农业系统的管理。土耳其农业研究和政策总局下属的国家研究机构正在开展研究项目。参与有机农业研究和教育活动的主要大学包括：埃格大学、乌鲁达大学、昂都库兹马伊斯大学、安卡拉大学和丘库罗瓦大学。

有机法律法规：首部有机植物生产法规于1994年通过。2004年12月3日出台了第5262号有机农业法，就有机产品生产和投入所涉措施的原则和程序做出规定。2010年8月18日颁布的第27676号土耳其有机法规与欧盟第834/2007号法规保持一致；它定义了有机生产、加工、包装、标签、储运、营销、控制和认证的实施规则。可在线访问自2010年首次颁布以来的综合版有机法规[①]。该法规涵盖有机植物生产、蘑菇和酵母生产、动物生产、水产养殖、加工、包装、储运、标签、营销、认证、授权认证机构、经营商、工作许可证、处罚、委员会以及管控和认证系统等。该法规的最新修正版于2018年1月发布（官方公报第30297号），有部分修订，其中包括：

水产养殖生产，在出现重大损失的特定情况下，可用非有机水产养殖种群进行补充；畜牧生产，过渡期已过即不能用非有机动物更换补充畜群；标签，其中"有机"一词必须在标签上注明，如产品重新认证也均须注明。国家标识只能用于根据土耳其立法由农林部授权的认证机构来认证当地产品。该标识不得用于进口产品。

国家自愿性有机标准：没有自愿性的全国私人有机标准。非政府组织起草了两个私人标准：一个是由ETO协调的关于开放集市的私人标准，另一个是东部安纳托利亚地区的有机标准，但这两个标准均未实施。

国家有机监管体系：在法律和实施条例中提出的国家监管体系由农林部（MAFF）管理。农林部发布并修订立法，制定战略和政策，协调经营商登记，并与其他数据库（如农民和动物登记系统及补贴门户网站）建立链接。农林部通过获得国家系统授权的认证机构建立了有机生产数据收集系统。该部还对检查员、认证员、农民和技术人员进行培训，并支持研究。在所有活动中，该部与其他公共和私营实体以及非政府组织密切合作。

---

① 更多信息见 www.mevzuat.gov.tr

运作/授权的认证机构（国内或国外）：在土耳其，有机生产是参照各种有机法规/标准进行的，例如土耳其标准、欧盟标准、美国国家有机计划标准（NOP）、日本有机农业标准（JAS）、韩国有机产品认证、中国有机产品认证、全球有机纺织品标准（GOTS）和其他重要标准，如瑞士有机农业联合会认证（Bio Suisse）、瑞典 KRAV 有机认证、德国有机农业协会的 Naturland 标准、德米特（Demeter）有机农业标准以及符合市场要求的其他社会和可持续性标准。有两种类型的认证机构在运作：土耳其主管部门根据本国立法授权的认证机构（列在国家认证机构名单里），以及根据其他法规或标准授权进行认证的外国或土耳其认证机构。所有根据土耳其法规进行认证的机构都必须依据 ISO 17065 进行认证，且需获得农林部的授权。外国认证机构须根据土耳其法律在当地设立公司。依据国外有机法规或标准〔如欧盟标准、美国国家有机计划标准（NOP）、日本农业标准（JAS）或中国有机产品认证标准〕进行认证时，认证机构需得到上述国家或地区的授权，如获得欧盟或美国农业部的授权（表 2-14）。土耳其法规要求为每个农民每个生产年度的每个有机产品销售单颁发产品证书（产品证书符合土耳其第 27676 号有机法规的附件）。土耳其法规要求认证机构跟进经营商的有机产品库存。

表 2-14 欧盟授权在土耳其进行有机认证管理的机构名单

认证机构名称（所属国）	代码	第一类非加工植物产品	第二类活体动物或非加工动物产品	第三类水产品和海藻	第四类经加工的可食用农产品	第五类经加工的饲用农产品	第六类用于栽培的分株繁育材料和种子
Albinspeckt（阿尔巴尼亚）	TR-BIO-139	—	×	—	—	—	—
BAŞAK（土耳其）	TR-BIO-175	×	—	—	×	—	—
bio. inspecta AG（瑞士）	TR-BIO-161	×	—	—	—	—	—
Bioagricert SRL（意大利）	TR-BIO-132	×	—	—	—	—	—
CCPB SRL（意大利）	TR-BIO-102	×	—	—	×	×	×
CERES（德国）	TR-BIO-140	×	—	—	×	—	—
Ecocert SA（法国）	TR-BIO-154	×	×	—	×	×	×

（续）

认证机构名称（所属国）	代码	第一类非加工植物产品	第二类活体动物或非加工动物产品	第三类水产品和海藻	第四类经加工的可食用农产品	第五类经加工的饲用农产品	第六类用于栽培的分株繁育材料和种子
FOG（美国）	TR-BIO-144	×	—		×	—	×
ICEA（意大利）	TR-BIO-115	×	—	—	×		
Kiwa BC（德国）	TR-BIO-141	×	×	—	×	—	—
LACON GmbH（德国）	TR-BIO-134	×			×		
Letis SA（阿根廷）	TR-BIO-135	×	—	—	×		
ORSER（土耳其）	TR-BIO-166	×	—	—	×		
CHECK（希腊）	TR-BIO-179	×					
CAAE S. L. U.（西班牙）	TR-BIO-178	×	—	—	×		
A CERT（希腊）	TR-BIO-171	×	—	—	×		

资料来源：OFIS，2019。

农林部公布了一份认证机构名单，这些机构根据土耳其立法授权进行认证，更新后的50多家名单列表已上线。

支持有机农业的政策措施：为完成第一年转换期的有机农场单位面积提供补贴计划。对于动物产品，补贴按头数计算，养蜂则按蜂箱计算。补贴计划仅适用于根据土耳其立法获得认证的农民。因此，一些农民即使产品是供出口市场的，也要求获得土耳其认证。农民、加工商和投入品生产商的贷款利率可减少60%。对于出口商，检测分析结果符合要求，将退还50%检测费用。

4. 有机农业营销

国内市场：尽管国内市场规模相对有限，但大城市对有机产品的需求不断增长。以谷物、干果和坚果及药用和芳香植物为主的出口产品不能完全满足当地需求。土耳其有近30个涉及有机产品的自由市场（集市），主要出售食品，尤其是新鲜果蔬，以及化妆品和洗涤液等非食用有机产品。土耳其非政府组织和市政当局对有机产品集市进行支持和管理，但总的监管权归属于农林部的省级主管部门。超市、专卖店、网上销售和生鲜市场是主要渠道。在大城市，由愿意享受直销的消费者组成的"美食社区"正变得越来越普遍。有些社区支持有机农业，直接与当地农场建立联系，而有些则直接从分布在全国各地的生产者那里采购。因此，采取联合行动开展宣介，提高认识以及加大对农民的支持来发展当地市场尤为重要。

进口市场：进口有机产品需经由农林部注册的认证机构重新认证。没有相应证书的有机产品或投入品不能作为有机产品或投入品进口。进口产品不得使用土耳其有机标志，但须有符合一般标签规则的土耳其语标签，包括有机标签。进口产品种类每年都不同。近年来，进口大豆、玉米、小麦和其他谷物用于深加工或再出口。2017 年，进口的有机产品主要包括来自俄罗斯、哈萨克斯坦和埃塞俄比亚的大豆，俄罗斯的玉米，俄罗斯、哈萨克斯坦和阿拉伯联合酋长国的小麦，俄罗斯、荷兰、奥地利、德国和美国的葵花籽及相关产品，俄罗斯的小扁豆和菜籽油。

另一条进口线包括来自宜家和星巴克等外国品牌的进口有机产品。原产国是德国、斯洛文尼亚、印度、吉尔吉斯斯坦、摩洛哥、俄罗斯、中国、荷兰、乌干达、埃塞俄比亚、意大利、伊朗、吉尔吉斯斯坦和南非。

出口市场：在欧洲的带动下，有机农业于 20 世纪 80 年代起步，至今仍以出口为主。欧洲国家、欧盟成员国和瑞士是主要出口地。传统上，干果和坚果在土耳其的有机出口中占主导地位。2018 年，土耳其向欧盟成员国出口有机认证产品共计 264 218 吨，占欧盟有机产品进口量的 8.1%，在世界上排名第五。新鲜水果或干果，不包括柑橘和热带水果，从阿根廷和土耳其进入欧盟，各自份额约为 20.7%。美国已成为土耳其有机产品的贸易伙伴——主要是谷物、橄榄油和干果。出口谷物在本国种植或产自邻国，之后在国内加工或再出口。土耳其已成为对美国出口有机大豆（价值 1.03 亿美元）的主要国家，2016 年，有机大豆出口量占美国进口份额的 43%，土耳其占有机玉米出口份额的 74%（价值 1.18 亿美元，英文原文 1 177.91 亿美元）。有机橄榄油出口额为 164 万美元。有机无花果干和杏干也出口到美国。土耳其为全球前五大有机棉生产国之一，供应量为 7 741 吨（占世界总量的 6.6%）。该国还进口有机棉或纱线用于加工和出口，但没有有机非食用产品的具体数据。

国家级数据收集系统：由农林部运营的官方有机数据收集系统（OFIS）（土耳其语为 OTBIS），主要针对有机农业和食品生产的农场级数据的收集，同时整合通过国家认证机构获得的相关数据。涉及有机产品进口的官方数据包括原产国、产品和数量。同时也有出口数据，但不太可靠。尚无有机非食品加工活动和产品的生产、进口或出口数据，仅有由进口当局授权的认证机构认证的有机产品数据。

5. 国家有机农业机构和相关国际组织

支持有机农业的主要国家机构：主要政府机构包括农林部、植物生产总局和农业研究与政策总局。其他机构如下：

爱琴海出口商协会，为土耳其出口商大会成员，隶属于贸易部，主要负责协调土耳其出口活动的出口商协会。

有机农业组织协会（ETO）是土耳其有机运动伞型非政府组织。

布戴生态生活支持协会（The Buğday Association）是一个支持当地有机市场和农家乐网络的非政府组织。

KSKDER 是一个从事农产品检验和认证的非政府组织。

艾格（Ege）大学，位于伊兹密尔，开展有机农业研究和教育活动。

乌鲁达（Uludag）大学，位于布尔萨，开展有机农业研究和教育活动。

昂都库兹马伊斯（Ondokuz Mayıs），位于土耳其萨姆森市，开展有机农业研究和教育活动。

IZFAŞ 公司，自 2010 年以来一直在伊兹密尔组织 Ekoloji 有机农业展会。

参与有机生产的农民团体/组织：农民合作按地区和商品种类划分。Tire 奶类合作社（伊兹密尔）是领先的有机牛奶和乳制品农民合作社。东安纳托利亚农业生产者和畜牧业者协会则是位于土耳其东部的豆类、肉类和肉制品领域的协会组织。TARİŞ 是合作社联盟，专业合作社在有机橄榄油、葡萄干和无花果产业中发挥作用。此外还有有机榛子合作社，如位于土耳其北部恰尔尚巴的 Çarşamba。

支持有机农业发展的国际组织和捐助项目：联合国粮农组织实施了一个名为"制定有机农业发展计划和调整相关土耳其立法"的项目（TCP/TUR/3001），使土耳其有机农业发展得以起步。该项目得到了粮农组织的支持，帮助土耳其政府向欧盟提交了项目提案。制定了一份为期 3 年的关于"有机农业发展和相关土耳其立法与欧盟法律进行对标"的项目文件，包括附件和责权范围。该项目建议通过粮农组织技术合作计划项目编制，2004 年 10 月欧盟委员会接受该建议，并提供为期两年的项目资金支持。该项目帮助土耳其为有机食品奠定了坚实的制度和法律基础。除粮农组织和欧盟的上述两个项目外，也有为数不多的其他国际项目，主要侧重于提高质量和安全（如德国政府对有机农业组织协会 ETO 的支持，由国际有机农业研究所 FiBL 实施）和营销机会（如由伊斯兰银行资助并由粮农组织实施的项目）。还有几个 Erasmus 项目，旨在促进项目合作伙伴间的经验交流，强化培训课程和工具。农林部是 2013—2018 年欧洲有机食品与农业系统跨国研究协调中心项目（CORE Organic Plus) 的资助机构之一，为已批准的有机研究项目提供支持。

6. 机遇与挑战

开展或扩大有机农业规模的主要障碍：主要障碍是缺乏国家战略，国家对推广有机农业的支持力度不够。数据收集系统仅限于有机农业和食品（不包括非食品加工产品），不包括根据其他标准进行的认证。要求对该立法进行修订，以包括团体认证并与欧盟委员会新法规保持一致。土耳其有机系统需要在市场监督和与主要全球法规的等效性方面做出更多努力。农民需要更多支持来改进生产方法并得到国内消费者的青睐。消费者信任是国内有机市场进一步发展的动力。

开展或扩大有机农业规模的主要机会：土耳其在有机农业方面拥有悠久的传统和历史，此外还有强大的法律基础、广泛的有机生产和产品种类，以及先进的加工设施，研究能力也很强，但需要更好的规划。利益相关者之间更紧密的联系以及对主要障碍和潜在解决方案的确定，将有助于迅速扩大有机产业规模。

从过去的有机农业项目中吸取的主要经验教训：有机农业始于进口商和出口商自上而下的推动。首先在国家层面加强网络建设，然后相关方参与准备项目建议，这种战略方式已经产生了实际效果。与欧洲有机食品与农业系统跨国研究协调中心（CORE Organic）一样，资助跨国项目不仅有助于研究项目的实施，还有助于扩大未来合作。

未来发展的关键战略和行动：国家战略和行动计划编制至 2016 年，然后终止。因此迫切需要制定新的国家战略和行动计划，以适应国内外形势的不断变化。

7. 访问以下网站可获取更多信息

https：//www. tarimorman. gov. tr/Konular/Bitkisel - Uretim/Organik - Tarim/Istatistikler：Official data source for organic production in Turkey

http：//www. mevzuat. gov. tr/MevzuatMetin/1. 5. 5262 - 20100311. pdf：Legislation on organic

https：//www. tarimorman. gov. tr/Konular/Bitkisel - Uretim/Organik - Tarim/Yetkili - Kuruluslar - KSK：list of certification bodies authorized for Turkish organic legislation

www. eto. org. tr：Association of Organic Agriculture Association

www. bugday. org：Buğday Association for Supporting Ecological Living

www. kskder. org：Association of Control and Certification Organizations for Agricultural products

www. egebirlik. org. tr：Aegean Exporters' Association

https：//globalorganictrade. com/country/turkey

土库曼斯坦

1. 有机农业发展背景

土库曼斯坦是一个以沙漠为主的国家，耕地面积仅占国土面积的 4%。农业在经济中占重要地位，占国内生产总值的 12.7%，吸收了全国 48.2% 的劳动力。两大农作物是棉花和小麦，其中棉花大部分用于出口，而小麦则供国内消费。土库曼斯坦是世界十大棉花生产国之一。该国部分地区种植小麦、柑橘类水果、枣、无花果、甜瓜、石榴、橄榄和甘蔗等作物（Lerman，2012）。

关于土库曼斯坦有机农业的信息很少。欧盟授权的检验和认证机构（Kiwa BCS、Ecocert 和 CCPB）已声明他们在土库曼斯坦没有认证活动。Hortidaily 新闻网站于 2019 发布了一个关于有机温室蔬菜生产的新项目。2019 年 1 月 9 日，土库曼斯坦马雷州（Maryisky）启动了占地 8 公顷的综合温室设施，用于种植各种蔬菜，计划年产优质有机蔬菜 500 吨。该设施还建有蜂箱，可用于蜜蜂授粉，实现互利。

2. 有机生产

尚无土库曼斯坦有机生产（包括棉花）的数据。

3. 立法、监管和政策框架

不适用。

运作/授权的认证机构（国内或国外）：土库曼斯坦无国家认证机构（表 2-15）。无国家有机农业战略和行动计划。无支持有机农业的政策措施。

4. 有机农业营销

国内市场：土库曼斯坦没有有机生产或市场数据，只有与传统农产品生产相关的一般信息，以此来推测潜在的相关信息。

108

表 2-15　欧盟授权在土库曼斯坦进行有机认证管理的机构名单

认证机构名称（所属国）	代码	第一类 非加工植物产品	第二类 活体动物或非加工动物产品	第三类 水产品和海藻	第四类 经加工的可食用农产品	第五类 经加工的饲用农产品	第六类 用于栽培的分株繁育材料和种子
AGRECO R. F. GÖDERZ GmbH（德国）	TM-BIO-151	×	×	—	×	—	—
CCPB SRL（意大利）	TM-BIO-102	×	×	—	×	×	—
Control Union（荷兰）	TM-BIO-149	×	×	×	×	×	×
Ecocert SA（法国）	TM-BIO-154	×	×	—	×	—	—
ECOGLOBE（亚美尼亚）	TM-BIO-112	×	×	—	×	—	—
Kiwa BCS（德国）	TM-BIO-141	×	×	—	×	—	—
LACON GmbH（德国）	TM-BIO-134	×	×	—	×	—	—

资料来源：OFIS，2019。

进口市场：该国食品和农产品的主要来源国包括哈萨克斯坦、俄罗斯和乌克兰，主要进口小麦、面粉、饮料、糖果、烟草和糖。

出口市场：该国约 80% 的纺织品出口到欧盟、美国、加拿大、俄罗斯、土耳其、匈牙利、中国、波罗的海国家、乌克兰和其他国家。迄今为止，土耳其一直是土库曼斯坦棉花、皮革和羊毛产品最重要的出口目的地。

国家级数据收集系统：无可用数据。

5. 国家有机农业机构和相关国际组织

国际项目：在农林水利经济部开展了一些涉及可持续农业发展和能力建设的项目。美国国际开发署（USAID）报告称，缺乏管理和有效的灌溉系统是实施可持续农业做法的主要障碍。该署旨在优先考虑温室园艺，助力高附加值果蔬生产、加工和销售，并与本地和国际市场建立联系。根据促进土库曼斯坦农业和农村进一步可持续发展项目（SARD III），欧盟制订了一个为期 4 年的项目计划，旨在改善土库曼斯坦可持续农业发展。该项目计划较为复杂，除较长的大纲外，还有不少介绍说明内容。除政府计划外，援助机构还通过教育和新技术来解决实际问题。

联合国开发计划署（UNDP）、全球环境基金和土库曼斯坦农林水利经济部共同决定建设一条供水管道，以协助解决可持续农业发展问题。其他发展机构提供涉及有效农业方法的教育培训。援助机构和志愿者也将可持续发展项目作为优先事项，促进可持续发展计划的实现。

6. 机遇与挑战

开展或扩大有机农业的主要障碍：土库曼斯坦几乎没有从事初级农业生产的大型农业企业。农作物生产受到国家的严格控制，而畜牧业则是由私人控制。因此，畜牧业生产有了更显著的增长。尽管在 20 世纪 90 年代以后棉花产量相对下降，但该国仍然是该地区重要的棉花生产国。棉花收获过程中的强迫劳动受到国际买家的严厉批评。自苏联时代以来，谷物、棉花、稻米和甜菜四大农业产业几乎没有进行过改革。农产品贸易相当有限。因要求所有批发和进出口合同均需在国家原材料和商品交易所登记，对外贸易实际上是由国家管控（粮农组织，2012）。

开展或扩大有机农业的主要机会：土库曼斯坦是棉花作物的主要种植国，全球有机棉市场需求量大。此外，一些产品尤其是面包产品、面粉、加工果蔬以及非酒精饮料的加工能力显著提高。

从过去的有机农业项目中吸取的主要经验教训：在土库曼斯坦开展的可持续农业项目得出的结论是，项目实施困难，因缺乏资源和缺乏维系农业计划的有效方法。目前，全球活动家和政府正在就该国农业系统的改善展开讨论。

未来发展的主要战略和行动：无。

7. 访问以下网站可获取更多信息

https：//borgenproject. org/sustainable - agriculture - in - turkmenistan/

乌克兰

1. 有机农业发展背景

1977 年，乌克兰有机农业先驱瑟曼·安东内茨（Semen Antonets）建立了第一个有机农场。到 2000 年，面向欧洲出口谷物的这家农场在波尔塔瓦地区的占地面积已发展到 7 000 公顷，并获得有机认证。有机标准机构（Organic Standard）于 2007 年在瑞士-乌克兰项目框架内成立，该项目题目为乌克兰有机认证和市场开发。它是乌克兰首家提供有机生产检验和认证服务的机构。2007 年 9 月 19 日，乌克兰内阁批准了到 2015 年的国家农村发展计划。2007 年公布的国家农业发展计划的官方目标为，到 2015 年有机生产的占比达到 10%。然而，为实现这一目标而制定的措施却从未得到实施。

2008 年，Zhmenka 公司的有机荞麦、Hercules 公司的有机麦片和 Melnyk 农场的有机蔬菜等首批面向本国当地市场的有机产品，开始出现在零售货架上。该国首家有机和天然产品专卖店 Natur Boutique 于 2008 年 9 月开业，随后，门店数量不断增加。2009 年 10 月，在地方当局的支持下，有机农业研究所 FiBL 和农业政策与食品部在利沃夫市首次举办乌克兰有机产品露天市场展销会。此后，这类展销会的规模和数量不断扩大。

2010 年 10 月，乌克兰农业政策部宣布支持发展有机生产，将其作为农业产业部门吸引国际技术援助的优先领域之一。2011 年，乌克兰议会通过了有机法，但该国总统于同年 4 月否决了该法。2015 年，乌克兰农业政策和食品部制定了新的 2015—2020 年农业和农村发展单一综合战略，根据欧盟和国际标准提高农业部门的竞争力并促进可持续农村发展。该战略着重强调发展有机农业，使农民能够获得高附加值的食品并改善农村地区的生活质量。

2019 年 8 月 2 日，有机产品生产、流通和标签的基本原则与要求法生效。该法由农业政策部与有机部门共同制定，旨在改进乌克兰有机生产的法律原则并使其与欧盟的相关立法相匹配。

在国际组织的支持下，强大的草根运动推动了乌克兰有机农业发展。国内市场高度发达，有机食品出现在一些高档饭店、餐厅和酒店的菜单上。自2009年，*ORGANIC UA* 月刊杂志开始出版，其他关于有机农业的地方期刊包括《乌克兰有机农业》*BIOLan Bulletin* 和《绿色药房》等。此外还开展了各种活动来提高对有机产品的社会意识，包括全乌克兰有机产品博览会、大学和学校讲座、新闻发布会和摄影比赛等。在乌克兰举办的国际会议也有助于推广有机产品并加强本国与国际间的相互联系。

2. 有机生产

有机认证估算总面积：截至2017年12月31日，乌克兰农业政策与食品部报告有机生产占地28.9万公顷，包括有机土地（20.1万公顷）和转换期土地（8.8万公顷）。有机农田面积由304个有机认证农场组成。

有机认证面积占有机农业用地的估算比例：0.7%。

主要种植作物及种植面积：总耕种面积为235 290公顷，多年生作物占5 000公顷，永久草地占34 680公顷。主要产品为谷物、豆类和油料作物、水果、蔬菜、肉类和肉制品、牛奶和奶制品、面粉、烘焙食品、谷物、食用油、果汁、糖浆、果酱、水果和浆果酱、茶、浆果、蘑菇、坚果、巧克力、香料和蜂蜜。各类产品的主要构成如下：

• 豆类：菜豆、野扁豆、豌豆和大豆。
• 蔬菜：卷心菜、花椰菜和胡萝卜。
• 油籽：葵花籽、油菜籽、芥菜籽和亚麻籽。
• 水果：葡萄、杏、梨、李子、樱桃、苹果和核桃。
• 浆果：来自栽培和野生采集的醋栗、丛生浆果、接骨木莓、蓝莓、覆盆子、黑莓、草莓、越橘、蔓越莓和黑醋栗。
• 草药和药用植物：紫锥菊、洋甘菊和金盏花。
• 蘑菇：来自栽培和野生采集的牛肝菌和鸡油菌。

有机管理面积：2017年谷物面积为133 440公顷，油籽面积为52 020公顷，豆类面积为14 450公顷，温带水果面积为2 500公顷，蔬菜面积为5 780公顷。报告称，同年有300个蜂箱获得有机认证。

经认证的野生收获面积：2017年报告的经认证野生面积为570 000公顷（Willer 和 Lernoud，2019）。

有机经营者数量：有机经营者（有机和转换中的）的数量为617家（Rakova，2019）。经营活动类型有作物生产617家，进出口167家，食品/饲料生产和加工89家，贸易71家，野生采集51家，养蜂53家，投入品27家，畜牧业16家，水产养殖1家。

有机畜牧业：没有动物数量方面的数据，但报告称有 16 个畜牧场和 1 个养鱼场获得了有机认证。此外，报告称，乌克兰还生产各种有机畜产品，包括鸡蛋、牛奶、克菲尔酸奶、酸奶油、干酪、肉类、猪肉、香肠和蜂蜜。

食品和非食品有机产品的加工：乌克兰有机动植物加工产品主要出自酿酒厂、油厂、面粉厂、乳品厂、食品和肉类加工厂以及巧克力工厂等。

3. 立法、监管和政策框架

有机农业的主要负责部门/机构：乌克兰农业政策与食品部是主要负责部门。

有机法律法规：有机农产品的首部法律，即关于有机农产品和原材料的生产和流通的第 425－VII 号法，于 2013 年获得通过，并于 2014 年 1 月 9 日生效。该法定义了有机产品销售和标识的条件。还对主管机构和监管措施进行了定义，以确保有机产品的真实性。而且规定了有机农业的法律、经济、社会和制度框架以及有机产品和原材料的种植、生产、加工、认证、标签、运输、储存和销售的要求。同时，还起草了相关细则。到 2015 年，进行了一定程度的更新完善，但离具体实施还有一定差距。

当年 8 月 2 日生效。该法由农业政策部与有机部门共同制定，旨在改进乌克兰有机生产的法律原则并使其与相关的欧盟立法相匹配。

《关于有机产品的生产、流通和标签的基本原则与要求法》于 2018 年 7 月 10 日获得批准，于 2019 年 8 月 2 日生效。该法涵盖以下内容：有机产品的生产、流通、标识和营销，有机生产认证机制，市场经营者、认证机构、有机种子的公开登记，国家对有机生产的支持，国家监管有机市场经营者和认证机构的活动，以及违法行为的行政责任。

国家自愿性有机标准：私人有机标准由当地非政府组织 BIOLan 于 2007 年在乌克兰制定，用于国内有机农业和标识。但 BIOLan 的标准比欧盟的更为严格。因很难获得加工产品对应的原材料，乌克兰生产商则更愿意采用欧盟标准。除 BIOLan 外，没有自愿性国家有机标准。乌克兰国家有机标志已获批准，能自动用于所有类型的有机出口产品。

国家有机监管体系：2015 年 11 月，政府采用了国家有机标志。标志的使用是自愿的，可用于有机出口产品、加工产品和原料。到目前为止，还没有产品贴过国家有机标志。在乌克兰有机生产商和加工商高度认可和频繁使用欧盟有机标志，同时，大多数面向国内市场的有机产品也都依据欧盟有机农业法规进行了认证。

运作/授权的认证机构（国内或国外）：在乌克兰的有机生产中，认证由进口国当局注册的私人认证机构负责（表 2-16）。

表 2－16　欧盟授权在土库曼斯坦进行有机认证管理的机构名单

认证机构名称（所属国）	代码	第一类非加工植物产品	第二类活体动物或非加工动物产品	第三类水产品和海藻	第四类经加工的可食用农产品	第五类经加工的饲用农产品	第六类用于栽培的分株繁育材料和种子
AGRECO R. F. GÖDERZ GmbH（德国）	UA－BIO－151	×	×	—	×	—	—
Albinspekt（阿尔巴尼亚）	UA－BIO－139	—	×	—	×	—	—
bio. inspecta AG（瑞士）	UA－BIO－161	—	—	—	×	—	—
Bioagricert SRL（意大利）	UA－BIO－132	×	—	—	×	—	—
CCPB SRL（意大利）	UA－BIO－102	×	—	—	×	—	—
CERES（德国）	UA－BIO－140	×	—	—	×	—	—
Control Union（荷兰）	UA－BIO－149	×	×	×	×	×	×
Ecocert SA（法国）	UA－BIO－154	×	×	—	×	—	—
ECOGLOBE（亚美尼亚）	UA－BIO－112	×	—	—	—	—	—
ICEA（意大利）	UA－BIO－115	×	—	—	×	—	—
Kiwa BCS（德国）	UA－BIO－141	×	—	—	×	—	—
LACON GmbH（德国）	UA－BIO－134	×	—	—	—	—	—
Letis SA（阿根廷）	UA－BIO－135	×	—	—	×	—	—
Organic Standard（乌克兰）	UA－BIO－108	×	×	×	×	—	—
Suolo e Salute SRL（意大利）	UA－BIO－150	×	—	—	—	—	—
A CERT（希腊）	UA－BIO－171	×	×	—	×	—	—
Valsts SIA（拉脱维亚）	UA－BIO－173	×	—	—	×	×	×

资料来源：OFIS，2019。

乌克兰农业政策和食品部批准的私人机构负责有机管理和认证，但认证机构的注册和批准程序尚未完成。2007 年成立的有机标准机构（Organic Standard）为乌克兰认证机构，也是该国首家提供有机生产检验和认证的服务机构。

支持有机农业的政策措施：虽然多次提出发展有机农业的目标，但支持政策始终没有得到落实。

4. 有机农业营销

国内市场：2010 年，乌克兰有机产品的分销渠道主要分布在基辅、利沃夫、顿涅茨克、基洛沃格勒、第聂伯罗彼得罗夫斯克、伊万诺-弗兰科夫斯克和科洛米亚等大城市的小型专卖店。尽管如此，国内市场仍呈现出快速增长态势，提供有机产品的城市数量有所增加。连锁超市也在有机贸易中发挥积极作用，同时消费者对有机和健康食品的兴趣和支付溢价的意愿不断增长。因此，超市更加重视健康和有机食品。通过改进加工设施，产品范围迅速多样化。乌克兰国内有机市场总量估计为 2 940 万欧元，人均消费量估计为每年 0.68 欧元（乌克兰农业政策和食品部和 Sorokina，2019）。

进口市场：随着超市开始销售更多经过认证的有机产品，产品源自国内生产商和进口商。

出口市场：2017 年有机产品出口额为 9 900 万欧元，其中欧盟成员国约占96%，其他市场占 4%。截至 2016 年，乌克兰有机产品的主要目的国为荷兰、德国、英国、意大利、奥地利、波兰、瑞士、比利时、捷克、保加利亚、匈牙利、美国和加拿大。主要出口商品，按量计依次为：玉米（99 500 吨）、小麦（58 000 吨）、大麦（22 900 吨）、葵花籽（11 600 吨）、大豆（10 900 吨）、斯佩耳特小麦（9 400 吨）、小米（4 100 吨）和油菜籽（4 100 吨）（Rakova，2019）。据报道，乌克兰是欧盟最大的有机农产品出口国之一，2018 年出口量为 266 741吨。欧盟从乌克兰进口的有机产品主要为谷物（占 71%），其中包括小麦（28.5%）和大米（42.8%）。油籽占总量的 15% 以上，其中包括大豆（5%）和其他油籽（10.8%）。其他有机产品及其份额分别为：新鲜水果或果干（不含柑橘和热带水果）（4.9%），果汁（2.2%），面粉和其他制粉（1.5%），新鲜、冷冻和干制蔬菜（1.3%），豆饼（1.0%）和其他（2.1%）（欧盟委员会，2019）。

国家级数据收集系统：尚无官方数据收集系统。非政府组织和有机标准机构是乌克兰有机数据的主要来源。

5. 国家有机农业机构和相关国际组织

支持有机农业的主要国家机构：主要政府机构是乌克兰农业政策和食品部，此外还包括作为"欧盟东部邻国的绿色经济"（EaP GREEN）计划核心机构的乌克兰生态与自然资源部。该国的几所农业大学，如乌克兰生命与环境科学大学、日托米尔国立农业生态大学及其他农业学院（如 Illintsi、Taly-ankivskyy 和 Zolochivskyy）已将有机模块纳入其教学课程。在乌克兰，非政府组织与国家机构合作积极推广有机农业（Leshchynskyy，2018）。

参与有机生产的农民团体/组织：在有机领域活跃的组织如下。

有机生产利益相关者协会（BIOLan Ukraine）成立于 2002 年，旨在支持所有有机生产。

乌克兰有机协会（Organic Ukraine）成立于 2003 年，是一个由有机生产商和商业伙伴组成的协会。截至 2019 年拥有会员 81 家。该协会的主要愿景是形成、发展和促进有机市场，为每个乌克兰家庭提供有机食品。

乌克兰有机联合会（The Organic Federation of Ukraine）成立于 2005 年，旨在为人类和自然提高安全农业生产效率，促进乌克兰与全球有机运动齐头并进。

全国有机农业和园艺协会（The All－Ukrainian Association of Organic Agriculture and Horticulture）由生态清洁产品生产商、经销商和消费者组成。

有机农业俱乐部（The Club of Organic Agriculture）是一个将从事有机农业的小型农场（面积约为 1～2 公顷）联合起来的组织。

Chysta Flora 有机生产者协会于 2009 年在乌克兰喀尔巴阡山脉成立，旨在发展农业旅游。

支持有机农业发展的国际组织和捐助项目：有机农业认证和市场开发项目的一期（2005—2011 年）得到了瑞士联邦经济事务国务秘书处（SECO）的支持，以促进乌克兰有机部门的发展并融入世界贸易体系。作为二期的乌克兰有机市场发展项目（2012—2016 年）是瑞士联邦委员会通过 SECO 提供财政支持，瑞士有机农业研究所负责项目实施。该项目侧重于对有机农业专家和管理人员的教育和培训。瑞士进口促进计划支持乌克兰有机生产商参加 BIOFACH 国际有机农业贸易展。

6. 机遇与挑战

开展或扩大有机农业规模的主要障碍：乌克兰耕地资源丰富，但大型农业企业却很少，只有大量用于维持生计的小块耕地和小型农场。农业和畜牧业平均产量较低。乌克兰农场生产力低下的主要原因包括收入有限、投资不足、土地使用权的不稳定性、自然资源利用效率低以及相关知识和经验有限。政府的战略支持、财政激励措施及法律框架的完善均迟迟不到位。在乌克兰，大多数水果、蔬菜及牲畜都产自小型家庭农场。这些农民在认证和市场准入方面需要技术支持和指导。

开展或扩大有机农业的主要机会：乌克兰的农业用地多，农场规模各不相同。作物面积（占 87%）比草地面积大得多。乌克兰拥有著名的肥沃黑土（黑钙土），一直以来很少使用杀虫剂和化肥，小农场数量众多，农业劳动力充足，以及毗邻欧盟（最大且发展最快的有机产品市场之一），所有上述因素都使该国非常适合有机生产和贸易。全球和国内市场对高价值有机产品（栽培作物和野生采集产品）的需求增长以及生态旅游创造了额外收入，也促进了有机农业的采用和升级。

从过去的有机农业项目中吸取的主要经验教训：如果建立在国家需求基础之上，有机农业项目可以作为交流经验的平台，将当地利益相关者与国际网络联系起来，加强贸易合作，建立伙伴关系。

未来发展的关键战略和行动：未来的行动需要制定针对有机生产和产品标识的适当法律和监管框架，预计将从 2019 年 8 月 2 日起开始执行。鉴于欧盟是乌克兰的重要贸易伙伴，2021 年将采用新的欧盟法规，因此需要对其进行修订，使其与欧盟法规保持一致。联合国环境规划署（UNEP）的报告称，乌克兰混合饲料、谷物和油籽（如葵花籽）等有机蛋白质产品出口潜力最大。小农场生产和出口的有机水果、浆果、坚果、香草和蜂蜜有望带来多重社会经济效益。促进这些利益的政策要与国家战略和行动计划相结合。

7. 访问以下网站可获取更多信息

https：//minagro. gov. ua：Ministry of Agrarian Policy and Food of Ukraine

https：//www. oecd. org/environment/eapgreen. htm

https：//menr. gov. ua：the Ministry of Ecology and Natural Resources

https：//zakon2. rada. gov. ua/laws/show/425 - 18：the law on organic agri-culture

www. organicukraine. au：Organic Ukraine

https：//eatorganic. in. ua/：website on organic food and clothing in Ukraine

http：//www. organic. com. ua/en：Organic Federation of Ukraine

https：//organicstandard. ua

https：//globalorganictrade. com

http：//www. biolan. org. ua

https：//ukraine. fibl. org/en/ua - about - project. html

http：//www. agroecology. in. ua/en

http：//www. dossier. org. ua/en

http：//www. organic - europe. net/country - info/ukraine/country - info - ukraine- report. html - c16728

乌兹别克斯坦

1. 有机农业发展背景

乌兹别克斯坦的国土面积为 4 480 万公顷，其中约 10％为耕地。农业在经济中发挥着重要作用，吸收了全国 44％的就业人口。种植的主要农作物有棉花、小麦、大麦、水稻、玉米、马铃薯、蔬菜和水果。棉花和冬小麦占总灌溉面积的 80％。

有机农业始于 2010 年，在私营部门的倡议下，开始对野生植物产品，包括杏仁、开心果、葡萄干、苹果和其他水果，以及药用和芳香植物等进行有机认证。在这方面，国家对可持续生产体系，包括有机农业提供支持。实施有机农业项目有助于起草相关法律草案、制定国家战略和市场评估，但这些尝试尚未完成或实施（Nurbekov 等，2018）。

2. 有机生产

无可靠官方数据。土耳其的有机产品进口数据显示，2011 年土耳其从乌兹别克斯坦进口有机干果（苹果、李子、葡萄和酸樱桃）和豆类。欧盟报告称，2018 年从乌兹别克斯坦进口了 949 吨有机产品（欧盟委员会，2019）。

有机认证估算总面积：Willer 和 Lernoud（2019）报告显示，野生采集认证面积为 5 000 公顷，但这是 2010 年的数据。

有机认证面积占有机农业用地的估算比例：无相关数据资料。

主要种植作物及种植面积：无可靠数据。费尔干纳山谷和撒马尔罕地区似乎是主要种植区。

经认证的野生收获面积：根据 2010 年的数据，5 000 公顷的野生采集区主要产出药用和芳香植物，以及酸豆、坚果、浆果和干果等。

有机畜牧业：无官方数据。

3. 立法、监管和政策框架

有机农业的主要负责部门/机构：乌兹别克斯坦农业和水利部是主管机构，

农业和水资源标准化中心是有机农业的职能部门。

有机法律法规：2019 年 1 月 19 日批准的 2019—2022 乌兹别克斯坦有机农业、有机农业和食品生产的实用综合发展措施计划（第 03/1 - 4665 号），该计划是由农业和水利部工作人员在粮农组织技术合作计划项目 TCP/UZB/3501 的支持下制定的，涉及能力建设，主要针对为发展有机农业、推广良好农业规范及为利益相关者提供指导的机构。该计划已提交乌兹别克斯坦政府。

粮农组织专家还根据国际参考标准制定了有机生产法律草案，并在一些培训班上与国家利益攸关方进行讨论。该草案成为制定国家法律草案的基础，预计在 2019 年提交议会。

O'z DSt 3084：2016 年，将有机农业和有机农业食品标准视作构建法律基础的第一步。该标准包括基于国际参考标准的有机农业的主要术语和定义（Saotov，2018）。

国家自愿性有机标准：无。

国家有机监管体系：尚无涉及国家有机监管的立法。

运作/授权的认证机构（国内或国外）：有机农业立法尚未到位。因此，有机认证由根据进口国参考立法授权的外国认证机构负责，欧盟授权在乌兹别克斯坦进行有机认证管理的机构名单见表 2 - 17。

表 2 - 17　欧盟授权在乌兹别克斯坦进行有机认证管理的机构名单

认证机构名称（所属国）	代码	第一类非加工植物产品	第二类活体动物或非加工动物产品	第三类水产品和海藻	第四类经加工的可食用农产品	第五类经加工的饲用农产品	第六类用于栽培的分株繁育材料和种子
AGRECO R. F. GÖDERZGmbH（德国）	UZ - BIO - 151	×	×	—	×	—	—
bio. inspecta AG（瑞士）	UZ - BIO - 161	×	×	×	×	—	—
CCPB SRL（意大利）	UZ - BIO - 102	×	×	—	×	—	—
CERES（德国）	UZ - BIO - 140	×	×	×	×	—	—
Control Union（荷兰）	UZ - BIO - 149	×	×	×	×	×	—
Ecocert SA（法国）	UZ - BIO - 154	×	—	—	×	—	—
ECOGLOBE（亚美尼亚）	UZ - BIO - 112	×	—	—	—	—	—

(续)

认证机构 名称 (所属国)	代码	第一类 非加工 植物产品	第二类 活体动物 或非加工 动物产品	第三类 水产品 和海藻	第四类 经加工的 可食用 农产品	第五类 经加工的 饲用 农产品	第六类 用于栽培的 分株繁育材 料和种子
ICEA (意大利)	UZ – BIO – 115	×	—	—	×	—	—
Kiwa BCS (德国)	UZ – BIO – 141	×	—	—	×	—	—
Letis SA (阿根廷)	UZ – BIO – 135	×	—	—	—	—	—
Organic Standard (乌克兰)	UZ – BIO – 108	×	—	—	×	—	—
Valsts SIA (拉脱维亚)	UZ – BIO – 173	×	×	—	—	—	—

资料来源：OFIS，2019。

目前尚无开展有机认证的国家认证机构，但有国外认证机构在该国开展业务。

关于有机农业的国家战略和行动计划：1月，该国总理接受了上述实用综合发展措施（第03/1－4665号，2019年1月19日）的行动计划。

支持有机农业的政策措施：政府没有针对有机农业的一般性补贴计划。一些研究工作已取得成果，可在有机农业领域推广应用。

4. 有机农业营销

国内市场：尚无国内有机产品市场，偶尔会出现进口的有机产品。

进口市场：没有为有机市场专门进口有机产品或原材料。超市货架上可见一些从俄罗斯或波兰（或其他欧盟国家）等国进口的有机产品。

出口市场：经认证的有机产品大约在十年前开始出口到全球主要有机市场。对该国传统产品如葡萄干、豆类、坚果和干果等感兴趣的进口商已开始在当地推出有机农业项目。包含产品及数量的土耳其官方进口数据显示，该国从乌兹别克斯坦主要进口干果、豆类和坚果。2018年，欧盟从乌兹别克斯坦进口949吨有机产品。

国家数据收集系统：无官方数据收集系统，也无官方有机生产数据。

5. 国家有机农业机构和相关国际组织

支持有机农业的主要国家机构：私人公司 Pearls of Samarkand 帮助在乌

兹别克斯坦推出有机和公平贸易认证产品。

参与有机生产的农民团体/组织：尚无有机农民团体。

支持有机农业发展的国际组织和捐助项目：粮农组织实施有机农业发展项目。

6. 机遇与挑战

开展或扩大有机农业的主要障碍：主要障碍是缺乏立法和有机系统，除此以外，还存在其他障碍如下：

缺乏注册和认证系统以及生产者数量、地区、产销量的统计数据。

贸易商和代理商几乎无法获得信息。

没有全国性的有机生产者协会或网络。

国内市场销售兴趣低。

出口收益高，导致国内市场竞争（定价、质量和选择）不激烈。

与传统产品相比，客户对产品的多样性、供应量和更高的价格不满意。

尽管是棉花生产大国，但在棉花收获期间使用强迫劳动阻碍了有机棉花项目的发展，直到现在问题仍然存在。

开展或扩大有机农业的主要机会：乌兹别克斯坦在农产品领域具有巨大潜力。这种潜力可以很容易转化为有机管理，因为大部分土地的投入水平都很低。作物的多样化（作为棉花的替代品）和集约化开始被视为农业发展政策。如果采取适当政策，一旦满足所有基本认证条件，乌兹别克斯坦就可以成为有机棉、干果、坚果和野生收获植物的领导者（JIA，2017）。

从过去的有机农业项目中吸取的主要经验教训：通过项目开展的活动必须符合或得到政府的政策支持。活动/决定必须按计划及时进行。

未来发展的关键战略和行动：为未来发展，需要在以下方面做工作：完成有机农业立法和建立国家体系，包括登记系统、认证机构的授权和监督、策略计划、国内及进出口市场监管、有机认识的提升等。

7. 访问以下网站可获取更多信息

http：//www. stat. uz/en/：State Committee of the Republic of Uzbekistan on Statistics

http：//organic‐ca. org/：Organic Agriculture in Central Asia

参考文献 REFERENCES

Aksoy, U. , Boz, i. , Eynalov, H. & Guliyev, Y. 2018. *Organic Agriculture in Azerbaijan: Current status and potentials for future development.* Ankara, FAO. 104 pp. (also available http://www. fao. org/3/a - i831e. pdf).

Bernet, T. & Kazazi, I. S. 2012. Organic Agriculture in Albania: Sector Study 2011. Swiss Coordination Office in Albania (SCO - A), Research Institute of Organic Agriculture (FiBL) & Ministry of Agriculture, Food and Consumer Protection of Albania (MoAFCP). Tirana, Albania. 48 pp.

Bilali, H. , Despotovic, A. , Berjan, S. , Driouech, N. , Petrovic, J. , Kulina, M. Rusevski, K. 2014. *Organic agriculture in the Republic of Macedonia, potential, governance, policy framework and market summary. Agriculture and Forestry,* 60 (11): 15 - 26.

Boz, i. & Rasulov, A. 2018. The effects of local bazaars on marketing of organic products: The cases of Turkey and Uzbekistan. Aksoy and Muminjanov, eds. , *Development of Organic Agriculture in Central Asia: Proceedings of the International Conference held during 22 - 24 August 2017 in Tashkent & Samarkand, Uzbekistan,* pp. 245 - 256 (also available http://www. fao. org/3/i8685en/i8685EN. pdf).

Cakraj, R. 2019. Albania. InS. Madžarić, L. AlBitar, M. R. BteichandP. Pugliese, eds. *Mediterranean Organic Agriculture Network - Report* 2019, pp. 8 - 13. Valenzano (BA), Italy, MOAN, CIHEAM Bari. (www. biodistretto. net. /wp - content/uploads/2019/07/MOAN - Report - 2019_EN. pdf).

Demko, I. , Dinterman, R. , Marez, M. & Jaenicke, E. 2017. *U. S. Organic Trade Data:* 2011 *to* 2016. Report to the Organic Trade Association. Washington DC, Organic Trade Association. 66 pp.

Doolotkeldieva, T. D. 2014. *Natural, economic conditions, scientific and technical potential for the development of organic agriculture in Kyrgyzstan.* 18th Organic World Congress, Istanbul.

Elkana. 2019. About Us. In: *Elkana* [online]. http://www. elkana. org. ge/index. php? action=p age&page=10&lang=eng.

European Commission. 2019. *Organic imports in the EU: A first analysis - Year* 2018. EU Agricultural Markets Briefs No. 14, March 2019.

Ghedrovici, O. & Ostapenko, N. 2016. Transitioning to Organic Farming in the Republic of Moldova: Perceptions and Prospects. *Current Politics and Economics of Russia, Eastern and Central Europe,* 31 (5/6).

Gjorgijevski, V. 2019. North Macedonia, in S. Madzaric, L. Albitar, M. R. Bteich and P. Pugliese, eds. , Mediterranean Organic Network - Report 2019, pp. 31 - 35, Valenzano (BA), Italy (www. biodistretto. net/wp - content/uploads/2019/07/MOAN - Report - 2019_EN. pdf).

122

GRETA Project. 2019. *Green Economy/Sustainable Mountain Tourism and Organic Agriculture*. Presentation at the EAP Panel on Organic Agriculture, held 25 – 26 April 2019 in Tartu, Estonia.

Grigoruk, V. V. & Klimov, E. V. 2016. *Razvitie organicheskogo sel' skogo hozyajstva v mire i Kazahstane* [Development of organic agriculture in the world and Kazakhstan]. In H. Mumindzhanov (Ed). Ankara, FAO.

Grigoruk, V. V. & Klimov, E. V. 2018. National profile on organic in Kazakhstan. Aksoy and Muminjanov, eds. , Development of Organic Agriculture in Central Asia: Proceedings of the International Conference held during 22 – 24 August 2017 in Tashkent & Samarkand, Uzbekistan, pp. 118 – 119. Tashkent, FAO (also available http: //fao. org/3/i8685en/18685EN. pdf).

Habul, E. V. & Nikolić, A. 2007. *Some aspects of organic agriculture development in Bosnia and Herzegovina*. Poster at: Zwischen Tradition und Globalisierung – 9. Wissenschaftstagung Ökologischer Landbau, Universität Hohenheim, Stuttgart, Deutschland, 20 – 23 March 2007.

Hortidaily. 2019. Turkmenistan: 8 ha organic vegetable greenhouse complex launched. *Hortidaily. com* [online]. Tholen, the Netherlands. https: //www. hortidaily. com/article/9061038/.

Husenov, B. 2019. *Organic Agriculture in Tajikistan: Present status and perspectives*. Sixth Symposium on Organic Agriculture, 15 – 17 May 2019, izmir, Turkey.

IFOAM. 2019. Percentage of agricultural land which is organic. In: *Organic in Europe* [online]. https: //www. ifoam – eu. org/sites/default/files/ifoamvis – package/index. html.

IFOAM & ICARE. 2017. *Capacity Development Strategy and Plan for the Organic Sector in Armenia*. Yerevan and Bonn. 49 pp.

FiBL. 2019. Key indicators on organic agriculture worldwide. In: *FiBL Statistics* [online]. https: //statistics. fibl. org/world/key – indicators – world. html? tx_statisticdata.

Jahon Information Agency (JIA). 2017. *Uzbek Agriculture: Progress and achievements*. Republic of Uzbekistan to the United Nations. https: //www. un. int/uzbekistan/news/uzbek-agriculture – progress – and – achievements.

Kurbanalieva, S. 2014. *Organic Cotton Production and Sector Development in Kyrgyzstan*. Sixth Meeting of the Asian Cotton Development and Research Network in Dhaka, Bangladesh, 18 – 20 June 2014.

Lerman, Z. , Prikhodko, D. , Punda, I. , Sedik, D. , Serova, E. & Swinnen, J. 2012. *Turkmenistan: Agricultural sector review*. Rome, FAO. 136 pp. (also available http: //fao. org/3/a – i2911e. pdf).

Leshchynskyy, A. 2018a. *The Status and Potential of Organic Agriculture in Armenia*. A background document for the Greening Economies in the Eastern Neighbourhood (EaP – GREEN) partnership programme. 26 pp.

Leshchynskyy, A. 2018b. *The Status and Potential of Organic Agriculture in the Republic of Moldova*. A background document for the Greening Economies in the Eastern Neighbourhood (EaP – GREEN) partnership programme. 31 pp.

Leshchynskyy, A. 2018c. *The Status and Potential of Organic Agriculture in Ukraine*. A background document for the Greening Economies in the Eastern Neighbourhood (EaP – GREEN) partnership programme. 39 pp.

Mambetov, O. 2018. *Organic Agriculture in Kyrgyz Republic*. FAO International Training on Organic Agriculture, 15 – 19 October 2018, Moscow, Russian Federation.

Manojlović, M. S. 2018. Development of organic agriculture in Serbia. Aksoy and Muminjanov, eds. , Development of Organic Agriculture in Central Asia: Proceedings of the International Conference held during 22 – 24 August 2017 in Tashkent & Samarkand, Uzbekistan, pp. 118 – 119. Tashkent, FAO. (also available http: //fao. org/3/i8685en/18685EN. pdf).

Martinovic, A. & Konjevic, D. 2015. *Montenegro: Agricultural Policy Brief*. European Commission ERC Institute for Prospective Technological Studies.

Milić, J. 2019. Serbia. In S. Madžarić, L. Al Bitar, M. R. Bteichand P. Pugliese, eds. *Mediterranean Organic Agriculture Network - Report* 2019, pp. 36 – 41. Valenzano (BA), Italy, MOAN, CIHEAM Bari. (www. biodistretto. net/wp - content/uploads/2019/07/MOAN - Report - 2019_EN. pdf).

Ministry of Agrarian Policy and Food. 2019. Trends of Organic Production Development in Ukraine. Eastern Partnership Panel on "Structural Reforms, Financial sector architecture, Agriculture and SMEs. " Presentation at the EaP Panel on Organic Agriculture, held 25 – 26 April 2019 in Tartu, Estonia.

Mirecki, N. 2019. Country Report: Montenegro. In: *FiBL Organic Europe* [online]. [Accessed June 2019]. Frick, Switzerland. https: //www. organic - europe. net/country - info/montenegro/country - report. html.

Mironenko, O. , 2017. *Organic market of Russia. Results of* 2017. *Prospects for* 2018. National Organic Union of the Russian Federation. Moscow, Rosorganic. 11 pp.

Mitusova, Y. and Buyvolova, A. , 2017. Development of organic agriculture in Russia, Euroasian Center for Food Security, Moscow, Russia, doi: 10. 13140/RG. 2. 2. 36128. 89603.

Nešković, D. 2019. Bosnia and Herzegovina. In S. Madžarić, L. Al Bitar, M. R. Bteich and P. Pugliese, eds. *Mediterranean Organic Agriculture Network - Report* 2019, pp. 14 – 18. Valenzano (BA), Italy, MOAN, CIHEAM Bari. (www. biodistretto. net/wp - content/uploads/2019/07/MOAN - Report - 2019_EN. pdf).

Nurbekov, A. , Aksoy, U. , Muminjanov, H. & Shukurov, A. 2018. *Organic Agriculture in Uzbekistan: Status, practices and prospects*. Tashkent, FAO. 106 pp. (also available http: //www. fao. org/3/i8398en/).

Organic Farming Information System (OFIS). 2019. List of recognised control bodies and control authorities for the purpose of equivalence and relevant specifications referred to in Article 10 of Regulation (EC) No 1235/2008. Report generated on 17 April 2019.

Organic Standard. 2011. *Organizations*. 4 pp. http: //organicstandard. com. ua/files/impor - tant_information/en/OS_organizations_en . pdf.

Öktem Bayraktar, E. , 2019. Turkey. In S. Madžarić, L. Al Bitar, M. R. Bteich and P. Pugliese, eds. *Mediterranean Organic Agriculture Network - Report* 2019, pp. 42 – 49. Valenzano (BA), Italy, MOAN, CIHEAM Bari (www. biodistretto. net/wp - content/uploads/2019/07/MOAN - Report - 2019_EN. pdf).

Rakočević, A. 2019. North Macedonia. In S. Madžarić, L. Al Bitar, M. R. Bteich and P. Pugliese, eds. *Mediterranean Organic Agriculture Network - Report* 2019, pp. 31 – 35. Valenzano (BA), Italy, MOAN, CIHEAM Bari (www. biodistretto. net/wp - content/uploads/2019/07/MOAN - Report - 2019_EN. pdf).

Rakova, O. 2019. *Development of Organic Agriculture in Ukraine*. Sixth Symposium on Organic Agriculture, 15 – 17 May 2019, izmir, Turkey.

Sagynalieva, M. 2018. *The Development of Organic Agriculture in the Kyrgyz Republic: Economic and Ecological Sustainability*. Policy Brief No. 50. Bishkek, OSCE Academy. 14 pp.

Sahakyan, A. 2019. International Center for Agribusiness Research and Education（ICARE）Foundation Building Organic Agriculture in Armenia（BOAA）Project，Armenian National Agrarian University and University of Natural Resources and Life Sciences，Vienna. Presentation at the EaP Panel on Organic Agriculture，held 25 – 26 April 2019 in Tartu，Estonia.

Saotov, O. 2018. Assessment of organic agriculture potential in the territory of the Republic of Uzbekistan. In *Development of Organic Agriculture in Central Asia：Proceedings of the International Conference held during* 22 – 24 *August* 2017 *in Tashkent &. Samarkand，Uzbekistan*，pp. 189 – 198. Tashkent，FAO.（also available http：//fao. org/3/i8685en/18685EN. pdf）.

Semenas, S. 2013. Organic market in Belarus. http：//agracultura. org/news/organic – market – in – belarus – review – english . html.

Semenas, S. 2014. *Development of organic agriculture in Belarus：main actors，challenges，barriers and first successes.* Practitioners' Track，IFOAM Organic World Congress 2014，Building Organic Bridges，held 13 – 15 October 2014 in Istanbul，Turkey.

Serbia Organica. 2019. Organic Production in Serbia. In：*Serbia Organica* [online]. https：//serbiaorganica . info/en/organic – production – in – serbia.

Simić, I. 2017. *Organic Agriculture in Serbia At a Glance* 2017. Belgrade，National Association Serbia Organica. 76 pp.

Sorokina, M. 2019. *Ukraine Retail Foods*. GAIN Report No. UP1837. Kyiv，United States Department of Agriculture. 7 pp.

Stahi, M. 2018. *Organic Agriculture in Republic of Moldova*. Ministry of Agriculture，Regional Development and Environment. Presentation. https：//unctad. org/meetings/en/Presentation/ditc – ted – 08102018 – nger – forum – Moldova . pdf.

Stahi, M. 2019. *Organic Agriculture in Republic of Moldova*. Ministry of Agriculture，Regional Development and Environment. EaP Panel on Organic Agriculture，25 – 26 April 2019，Estonia.

Tabakovic, M. Simić, M. , Dragicevic, V. & Brankov, M. 2017. Organic agriculture in Serbia，*Selection and Seeds*，Vol. XXIII，No. 2 [SELEKCIJA I SEMENARSTVO，Vol. XXIII broj 2 (in Serbian)]，doi：10. 5937/SelSem1702045T.

Textile Exchange. 2019. *Organic Cotton Market Report* 2018. https：//textileexchange. org/downloads/2018 – organic – cotton – market – report/.

Ujmajuridze, L. , Barkalaya R. & Tedoradze, O. 2018. Organic production in Georgia. In Development of Organic Agriculture in Central Asia：Proceedings of the International Conference held during 22 – 24 August 2017 in Tashkent &. Samarkand，Uzbekistan，pp. 118 – 119. Tashkent，FAO.（also available http：//fao. org/3/i8685en/18685EN. pdf）.

United Nations Environment Programme (UNEP). 2011. *Organic Agriculture：A step towards the Green Economy in the Eastern Europe，Caucasus and Central Asia region.* Case studies from Armenia，Moldova and Ukraine. Geneva，UNEP. 52 pp.

Willer, H. & Lernoud, J. 2019. *The World of Organic Agriculture：Statistics and Emerging Trends* 2019. Frick，Switzerland，FiBL，and Bonn，Germany，IFOAM. 353 pp.

Yavruyan, D. E. 2018. Organic market in Russia. Problems of development and possible solutions. In Development of Organic Agriculture in Central Asia：Proceedings of the International Conference held during 22 – 24 August 2017 in Tashkent &. Samarkand，Uzbekistan，pp. 189 – 198. Tashkent，FAO.（also available http：//fao. org/3/i8685en/18685EN. pdf）.

Zhazykbayeva, R. 2019. Report on National Organic Agriculture Legislation in Central Asia and Azerbaijan. January 2019. Rome，FAO.（unpublished）.

图书在版编目（CIP）数据

欧洲和中亚有机农业发展概况 / 联合国粮食及农业
组织编著；曹海军等译 . —北京：中国农业出版社，
2023.12

（FAO中文出版计划项目丛书）

ISBN 978-7-109-31550-1

Ⅰ.①欧…　Ⅱ.①联…②曹…　Ⅲ.①有机农业—农
业发展—概况—欧洲、中亚　Ⅳ.①F350.3②F336.03

中国国家版本馆 CIP 数据核字（2023）第 240235 号

著作权合同登记号：图字 01 - 2023 - 3974 号

欧洲和中亚有机农业发展概况
OUZHOU HE ZHONGYA YOUJI NONGYE FAZHAN GAIKUANG

中国农业出版社出版

地址：北京市朝阳区麦子店街 18 号楼

邮编：100125

责任编辑：郑　君　　文字编辑：刘金华

版式设计：王　晨　　责任校对：范　琳

印刷：北京通州皇家印刷厂

版次：2023 年 12 月第 1 版

印次：2023 年 12 月北京第 1 次印刷

发行：新华书店北京发行所

开本：700mm×1000mm　1/16

印张：8.5

字数：161 千字

定价：58.00 元